大规模开放

慕课怎样改变了世界

［美］乔纳·唐纳森 埃利安·阿格拉 等 ◎ 著
陈绍继 译

华东师范大学出版社

此著作经过知识共享署名-非商业性使用-禁止演绎作品3.0 Unported 许可出版。

乔纳·唐纳森　　　　丹尼尔·鲍登
埃利安·阿格拉　　　　梅根·肯德尔
穆罕默德·阿尔什马利　劳伦·尼克松
安德鲁·贝利　　　　　丽莎·瑞瑟尔

ISBN-13：978-1482775334
LCCN：2013906891

目录

鸣谢　1
前言　1

引言　慕课是怎么回事？　1

第一章　颠覆高等教育　15

颠覆的必要性　17
什么是颠覆性创新？　19
教育界过去的颠覆性创新　20
创新性在线学习　22
机器学习和数据挖掘　25
不断变化的景象　28
接下来是什么？　33

第二章　通过互动的教育　37

基于信息传递的大脑研究　38
在线教育的增长　40
学习是互动的　42

互动带来合作　45

在线教育：新的个体教育计划？　47

第三章　把学习掌控在我们的手中　49

远程教育　51

教育在如何演变　52

在线课堂要求　53

多样性　56

分享思想　60

第四章　丰富的自由知识　61

第五章　解开炒作的纠结　71

格式化教学　72

学习指南　74

同侪评分者的有效性　75

慕课学生的意图和准备就绪水平　77

追求质量　78

第六章 攀登学术诚信的阶梯 81

大规模能导致作弊和剽窃吗? 83
诚信守则及验证学生身份 83
让我们诚实 88

第七章 这个金星值得吗? 91

Udacity 和 Coursera 大学学分评估 92
慕课及学分 93
初级及入门慕课 95
为学分付费 96

第八章 总结慕课 97

附录 国内外一些 MOOC 提供商(机构)网址 104

译者后记 105

鸣 谢

作者谨向玛丽·布西博士对西俄勒冈州大学教育学硕士信息技术专业所给予的领导、广泛支持以及对创新的促进致以最诚挚的谢意。

前　言

在过去的几年里,西俄勒冈州大学教育学硕士信息技术专业一直开设一门名为"大思想家"的课程,学生们在这里广泛涉猎关于教育技术发展问题的畅销书和经典著作。他们在提升专业技术技能的同时,也开始考虑这些新技术在我们的世界中所产生的后果,无论这些后果是有意造成的还是无意造成的。每个学期,学生们都探讨一个不同的主题,其内容涉及技术对于我们思想的影响,对于不断演变的教育体制产生的作用以及技术在一个民主社会中所扮演的角色。随着 Web 2.0 或读/写网的运用,我们从知识的消费者社会进化到了知识的积极贡献者社会。为了响应这个转变,我们决定尝试翻转"大思想家"课程的模式,让我们的学生通过发表他们的著作而成为知识的生产者。

慕课自冲击世界舞台伊始到其后的第一年,就席卷了全球的教育。人们就此写了很多文章和短评,但目前市场上还没有专著。在导师乔纳·唐纳森的指导下,我们的"大思考者"班决定探索关于慕课现象的文献,并将研究结果编纂成为一本著作出版。他们想通过使用目前网上许多通用的协作工具来创新,因此,他们一起实时工作,作为一个整体来撰写和编辑这本书,而不是各自为营写作和编纂单独的章节。

后面的文章是他们努力合作的结果,并通过运用他们正在研究的教育技术出版的。本书经过知识共享许可出版,以期成为围绕开放教育、教育技术及其对社会所产生的作用这个较大的讨论的一部分。

玛丽·布西博士
西俄勒冈州大学副教授
教育学硕士信息技术专业协调员

引言　慕课是怎么回事？

互联网技术已经以一种强大的方式改变了我们的世界。它不仅改变了我们交际的手段,允许我们成为内容生产者而不是被动消费者,而且导致我们与娱乐业的关系也产生巨大的变化。它对于新闻媒体起到了激烈的作用,对于政府和政治产生了强劲的影响。然而,它对于教育体制的影响仅仅触及表面。直到现在……

大规模开放在线课程(慕课)以前所未有的速度进入教育景象和大众想象。在最早的慕课出现之前,在线教育已经缓慢演变近二十年之久。在第一门慕课课程发布并真正大规模注册的一年内,就已经有几百万学生报名注册。从表面看,慕课似乎是在线课程的另一种类型,但是慕课与传统在线课程之间有很多区别。如果一个学生要报名参加传统在线课程,学生要交学费,还要取得大学学分,并且在线班级规模通常限制在大约20至30人。限制传统在线课程班级人数的目的是为了让学生能够与教师互动。然而,慕课几乎总是免费的,不是为了大学学分,班级规模也没有限制(Pappano,2012)。

根据肖恩·迈克尔·莫里斯和杰西·斯德摩尔在《混合教学法》(一本关于教学与技术的数字杂志)里所说,慕课"不是一个什么东西。慕课是一种策略。我们对于慕课的说长道短不可能涵盖它的戏剧性、平庸性、连续性和扩散性。慕课是一头变种野兽——突然出现的有胎盘哺乳动物,它疏离他者,包裹自我,有时茁壮成长,有时死亡,有时复活"(Stommel & Morris,2012)。他们从本质上说明慕课没有一个简单的定义,这是因为教师、院校、创建慕课的公司以及学习慕课的学生等诸多因素都使慕课在不断地变化和演变。

慕课最早于 2008 年通过加拿大曼尼托巴大学的一门名为"连通主义与关联性知识"的课程被采用,"MOOCs"这个术语由加拿大爱德华王子岛大学的戴夫·科米尔创造(Popenici & Kerr,2013)。对于慕课的广泛国际关注开始于 2011 年,当时斯坦福大学教授塞巴斯蒂安·特隆的课程"人工智能导论"由斯坦福大学以慕课的形式开设。只要能连接因特网,任何人都可以学习这门课程。超过 160,000 人注册学习这门免费在线课程(Vollmer,2012)。特隆的课程是推出 Udacity 的催化剂。截至 2012 年中期,三家最著名的慕课提供商分别是 Coursera、Udacity 和非盈利公司 edX(Reich,2012)。

全球的教育工作者和政策制定者都希望以较低的成本提供高质量的高等教育。在慕课来临之前,发展中国家的很多人都得不到接受高等教育的机会,发达国家经济困难的学生也处于极端不利的地位。今天,能够访问互联网的任何人都可以成为一个学生,而且不需要任何费用。在线学习允许全世界的人们学习近乎任何科目,无论是为了大学学分、职业发展,还是为了个人兴趣。但是,关于在线学习和慕课的许多东西,我们不甚了解。本书就是一个审视关于慕课的积极和消极方面的尝试。

新千年进一步增加了互联网技术在社会的饱和度。Web 2.0 和社交媒体工具与我们的生活交错编织,难解难分,并且以日益增加的程度,融入我们的学习经历。"数字土著"们发现传统的教育模式令人窒息,不可适应。

在教育景观突然出现的慕课,连同随之而来的媒体风暴,触及五脏六腑地撞击了教育界专业人士。一些人产生一种不祥的预感,另一些人却在感到越来越无望的环境面前发现了新的希望。在这两个极端,不难发现相信慕课是一次颠覆性创新的人,他们相信,慕课对于教育之后果类似于个人电脑对于大型计算机领域。

有持久影响力的创新可以是持续性创新,也可以是颠覆性创新。持续性创新是指那些改进现有技术和做法的创新。到目前为止,在线教育被证明是一种持续性创新,因为它曾帮助传统教育机构接触不能亲自到课堂上课的学生。它不是有些人所希望的将要改变教育体制的一颗神奇子弹,因为它通常是由传统的教育机构作为传统教育方式的延伸而实施的。要想使一种创新对于教育景象具有颠覆性,那就要提供一个容易使用并且廉价的方案。要使之成其为一种颠覆性的创新,不能要求该创新有更好的质量。过去的颠覆性创新通常都是从低质量的方案开始,但是随着久而久之的改进,这些创新往往比被颠覆了的东西具有更加优越的质量。慕课不仅带来了恐惧,也带来了重燃的希望,因为它未必是一个支持传统教育体制的创新,而是威胁给传统教育机构提供一个易于使用和成本低廉的方案,对这些机构而言,往往存在许多障碍,包括成本、位置和入学要求。

虽然慕课具备了成为转变全球教育体制的颠覆性创新的所有要素,但是仍然不能保证它决不是昙花一现。过去似乎有过处于即将成为颠覆性创新的边缘的创新,但是由于种种原因都失败了。一个潜在的颠覆性创新之所以不具备颠覆性,其最常见原因是质量问题。尽管初始质量总是低的,然而如果此质量不能很快超过原体制的质量,它很有可能不具备颠覆性,而且在大多数情况下会销声匿迹。另一个失败的原因是现行体制找到了一种方法,通过把它变成一种维持旧体制的创新,来解除颠覆性创新所构成的威胁。

的确有这样的人,通过花费大量的金钱和精力来确保慕课稳操胜券,使之成为迫切需要颠覆的体制的颠覆性创新。一些人相信我们的教育体制已经变得功能失调性畸形,取得的学术成果水平日益低劣,而成本却以指数速率增长。

与此同时,花费等量金钱及精力来确保慕课不成其为颠覆性创新者也大有人在。从教育机构的教师和管理人员,到教科书出版商、考试服务人员以及政府官员,有些人与传统体制利益攸关。

慕课命运未卜,将会受到诸多复杂因素的相互作用。然而,最有力的因素可能会是对于巨大的成本不满的民众。如果他们都将慕课作为教育体制的一个替代物而选择之,这种需求将会成为慕课生产商提高慕课的质量、可用性、数量和课程种类的动力。

可用性显然是慕课最诱人的特征。在绝大多数教育机构,学生在报名上课之前必须经过录取程序。一些机构也允许未正式报名的学生上课,尤其是上他们的在线课程。但是,这也需要几个月的申请程序。然而,慕课对学生而言有立等可取的优势,没有任何申请程序。注册报名通常与开一个账户和报一门课程一样简单,仅仅几分钟就办完手续。

其次就是成本问题。一些国家的体制是为从幼儿园到进行博士研究的各个层次的学生提供最小成本或无成本的教育。遗憾的是大多数国家并不都是这样。教育机构除了收费别无选择。如果慕课继续提高其大众性,如果各个学术层次的慕课课程的数量继续增加,如果慕课的系统化使得学生既能挣得学分又能取得证书和学位,那么,可想而知,传统教育机构就无法竞争,除非在罕见的情况下该机构的学术声望使得它真正价有所值。

虽然慕课的质量问题仍然受许多人质疑,但是由于对在线学习最优化设计的研究,质量很快变得不成问题,使得教学质量和学术成果相当于或在某些情况下超过传统的面对面教学,这种情况不仅在慕课中,而且在它的同类即完全在线课程中也会出现。

与质量相关的另一个问题是慕课具有超过传统教学形式的一些先天优势。第一个优势是慕课天然地允许学生学习时收集大量数据,因此便于学生优化学习经验,而且在某些情况下甚至还将教学内容和学习活动个性化。世界上没有哪一个课堂授课教师能够根据进度、内容讲授方法、实践活动类型以及对于薄弱环节的额外教学,为每个个体学生定制教学计划,让学生获得根据自身需要而优化的学习经验。然而,有了慕课,技术的存在使个性化和课程优化成为可能。

为了根据每一个体学生的情况来自动调节学习而设计的系统是慕课的一个诱人方面。另一个相关方面是关于学生的学习选择系统。在传统教育机构中,学生可能会面临几种选择,例如希望师从哪个教师学习一门具体的课程。但是,实际上往往别无选择。随着慕课范围的进一步扩大,可供选择的数量将会增长。这将会把有点儿像市场经济的东西引入慕课的场面,因为学生就此能够根据他们所学的课程做更多的决定。现在他们已经完全可以学习世界上排名最高的大学的教授主讲的课程。

作为一个自动化的过程,慕课的个性化带来一种耐人寻味的可能性。个性化的另一个更加常见的形式是学生根据自己做出的选择而学习。学生在每一个模块中都会面临各种学习活动。他们可能需要选择一些他们喜欢的活动。也已经有人进行过把慕课课程游戏化的实验。这涉及使用一个证章系统——基于探索大型多人在线角色扮演游戏的想法。为了证明对于一定的学习目标的掌握,学生可以选择许多活动,并且为此挣得证章。完成课程是以获取证章为基础的,展示出对于该课程的每个学习目标的掌握——而不是针对完成该课程中的每个任务。

学习的个性化意味着慕课环境中的一种可能性,但不是属于每个慕课的一个方面。然而,属于每个慕课的一个方面是每个学生必须参与进来。被动学习是不可取的。主动学习是每个慕课设计的核心。学生只有掌握了前面的学习才能继续学习下一个模块,而且通常会有各种学习活动的要求。因此,即使教学不个性化,主动学习也是基本要求——这并非属于许多传统课堂上课程的必不可少的组成部分的东西。

慕课的另一个先天优势是工具的社会性。"数字土著"在网络联通世界中成长。社交媒体和网络的"读/写"性质已经成为他们学习方式的一部分。传统课堂孤立学生,在要求每个学生只做自己的事情方面到了这样的地步,以至于通常认为的合作学习在这样的课堂里被称为作弊或抄袭。因此,传统教育体制对于数字一族来说既不自然也不舒服。完全在线的慕课已经向全球扩展,并整合了社交工具。对于数字一族来说这让他们感到更加自在。慕课能与他们的社会学习倾向更好地匹配。

教育专业人士越来越多地得出这样的结论:人类是天生的社会动物,

自然倾向于通过社会交往而学习。甚至还有人用哲理推究，学习与社交是分不开的。换句话说，学习的基本核心是一个社会过程。如果人们是通过社会活动学得最好，那么，有什么平台能够比得上在很大程度上是基于最有效的社交媒体平台的学习系统呢？

在传统课堂里，当教师讲授内容并期望学生听、读、观察、练习的时候，社会性的方面常常被最小化。越来越多的教育家基于探求研究性学习和合作学习的最佳做法，把他们的课堂变为动态的社交场合。慕课具有允许数以千计的潜在学生群之间互相连接的优势，而不是典型的四十名学生的课堂。在如此大规模的在线社会环境里，学生们可以与背景多样化的人们联系——印度的祖母，波兰的芭蕾舞者，美国的建筑工人，坦桑尼亚的小学生，以及日本的银行柜员——由于把多种多样的观点带入了谈话，令讨论达到一定纵深度的可能性就进一步加强。

在传统课堂里，学生通常可能会静静地坐在教室的后面。在线教育中，包括慕课课堂，学生需要与同龄人互动。很多在线课堂这样设计：如果学生不参与有意义的讨论，分享他们的作品，给同学反馈，就不能进展到下一个学习模块。通过运用论坛、博客、维基、聊天以及共享的虚拟白板等嵌入工具，这样的互动就可以发生。无论是在同步或异步模式中，这些工具的建立都会要求学生以高水平的社交与结成对子或小组的同龄人互动。换句话说，与在线课堂相比，传统课堂有更大的"距离"。

互联网给社会互动提供了一系列惊人的可能性，也增加了可供每个人选择的海量的信息。在过去，许多类型的信息是很难触及的。互联网设想与设计的初衷是为了民主，为资讯自由的流通创造一个自由的地方。

早期先驱们的箴言是："信息需要解放。"然而，第一代互联网成了单向信息传送系统。绝大多数用户只是用互联网找到信息，而不能发布他们自己的信息，仅仅是因为发布信息的工具使用起来太难。要创造一个网站，你必须要学习超文本标记语言（HTML），并找到主持创建的网页的地方。第二代互联网也叫 Web 2.0，其中易于使用的工具都是免费提供的，这使得老百姓完全有可能成为创作者和出版者。

　　这种巨大的转变绝不能被低估。纵观人类历史，总是有一小部分人既是信息内容创作者又是出版者。我们其余的人只是信息消费者。书籍、报纸、刊物、电视、电影以及早期互联网就是这种情况。今天，消费者已经变为生产者。与这种转变随之而来的是所有可用主题的信息不断增加的可用性。维基百科就是一个例子。那么有朝一日，丰富的免费信息会伴随丰富的免费教育而来，这是再自然不过的事情。慕课可能是这样的一个场地，尽管它也许会演变为另一个名称或另一种形式。

　　互联网提供了更多的机会，让人们去接触各种类型的信息，而这些信息是以前从未有如此众多人使用过的。例如，音乐流媒体服务让人们免费听歌，而在过去是必须要买唱片的。很多书籍和报刊的文章也是如此，而且最大视频分享网站 YouTube 允许那些过去付不起有线电视服务费的人现在可以去观看他们喜欢的音乐视频。对于在过去付不起有线电视服务费、买不起 CD 或书籍的人们来说，可能性范围就很有限。但是，这些障碍已被削弱。慕课将提供一个机会，为教育做其他服务已经为媒体所做过的事情。

　　慕课具有巨大的潜力。然而，也有要考虑的严重问题。首先提出的问题之一是：慕课的教育质量不总是它可能成为的那样。已经出现这样的慕课，充其量只不过是把录制的课堂讲课视频放到网上，让学生们在那里参加只有多项选择题的期中和期末考试。这样的课程设计和导致的学习成绩被证明是一种令人沮丧的失败。在线学习比课堂教学更需要一种不同的课程设计。在线课程必须包含各种各样的内容讲授方法、各种各样的学习活动、实践新学习的丰富活动以及大量的同伴互动。最好的慕课确实包括这些必备方面，但不是所有的慕课做到了这些。实际上，有可能绝大多数的慕课未能按照网络课程设计的最佳做法去设计。

在世界各地的传统教育体制培养的人们中间，大多数都不是主动的学习者。学生依赖于教师告诉他们应该学什么、怎么学、什么时候学，以及怎么能够知道已经学得"足够"来得到一个及格的分数。在他们的学习中，教师没有教给他们如何发展自主性。这是慕课乃至于所有在线教育的主要问题，更高程度的自主性、动机和个人时间管理是必需的。

这种靠教师提供指导、动机和时间管理的依赖性由于分数问题而加剧。绝大多数学生和教师都期望给作业评分。这源自于传统教育体制，人们期望教师评价学生，而不是教导学生不断评价他们自己对于学业的掌握。学生被教导着等教师告诉他们做得怎么样，而不是马上知道自己做得怎么样。在传统课堂里，每一项作业都由教师评定，由教师来记录一个有助于课程成绩的等级或分数，该分数也会让学生知道。在超过十万学生的慕课中，教师甚至教学助理小组不可能评价每一个学生的作业。解决这个问题的第一个办法就是借助机器阅卷。然而，机器阅卷仅仅对于多项选择或正误判断题有效，这显然不是衡量学业掌握情况的有效措施。其他慕课已经尝试使用同侪评分的办法，其结果至多也是毁誉参半。

虽然评分的做法，无论是教师、学生还是同侪去做，可能没有多大帮助，甚至是有害的，但是给予有益的反馈无疑是教育的必要组成部分。在慕课中，学生永远不可能从讲师或其他课程推进者那里得到个人反馈。靠电脑来给出一个深度合适的反馈也是永远不可能的。这样就剩下同侪反馈了。如果精心设置，这种做法会很有价值，但是如果不按照以研究为基础的最佳做法去建立，可能会很有问题。令人遗憾的是，用随心所欲的方法指导讨论和其他形式的同侪反馈却在在线课程中司空见惯，包括在慕课中。

慕课另一个固有的困难是学生的准备就绪仅由学生来确定。在传统教育背景下，学生的准备就绪是通过先决条件、以往课程成绩、分班考试等一系列措施决定的，但是所有这些都不是慕课体系的部分，因此这个最终的决定权就留给了每一个个体学生。这可能会导致学生把自己放到水平不恰当的位置。如果学生选修低于他们水平的课程，他们可能会不感兴趣，进而会决定停止对于一切教育活动的追求，而不是选修更加适合他们水平的课程。如果学生尝试选择超过他们水平的课程，他们可能会灰心丧志，进而放弃。

如果慕课真正要与限制班额、教师直接评阅所有学生作业的在线学分课程平分秋色，获得尊重和认可，那就需要消除潜在的作弊、剽窃及其他形式的学术不端行为。在许多在线课程中，评价受到监督。考试一开始，要求学生打开摄像头，举起带照片的身份证，证明该学生是声称的那个人，而且向监考人显示教室里再没有别人，桌子上也没有手机等设备。

考试中，监考人监视学生的所作所为。监考人通过摄像头可以看到学生的脸部，还可以通过一个共享桌面看到学生电脑上的一切。这在学生数量有限的班级可以实行得通，但是当班额增加到就像慕课的几千人的时候，监控就行不通。如果慕课不给学分，几乎就没有作弊的诱因。然而，如果慕课提供学分，作弊的动机就是个严重问题。

一旦学生决定作弊，在慕课中这样做比在其他类型的在线课程中要容易得多。在传统教育机构的拿学分的课程中，一门具体的课程，一个学生每学期只能注册一次。但是在慕课中，学生可以建立多个账户，因此得以多次参加考试，直到考上好的分数为止。在一门班内名额有限制的课程中，教师会逐渐熟悉其学生的写作风格，当学生交上不是他们自己完成的作业时，教师能够很容易地辨别出来。显然，这在拥有数以千计学生的课程中是不可能的。

有些慕课为付费报名参加有监考的考试的学生提供特别证书。这对于因为经济有困难而上慕课的学生来说很不公平。也许在发展中国家，家庭花费每天只有一到两美元的学生已经有办法访问互联网，并且注册学习慕课。25美元的监考费对于发达国家的学生来说没什么，但对于其他人来说也许是不可能的事。如果免费教育的崇高目标是惠泽世界上任何人，那么，通过往这种均衡里面添加监考来收费而夺走目标意义的做法似乎是错误的。

数以百万计的学生不抱拿到大学学分的希望而注册慕课。他们这样做有很多原因，但求知的渴望似乎是首要和最重要的。推动慕课变成某种不同的东西——学生可以从中获得大学学分的课程——可以被理解为既定传统教育机构的第一次尝试,以消除慕课成为颠覆性技术并可能使他们丢掉饭碗的威胁。这个选择对他们来说可能是不可想象的。如果只剩下一条逻辑路径可遵循,慕课将继续发展,直到完全免费的学位让全球任何追求高等教育的人都触手可及。不难想象一个初创公司成为一个认可的学位授予机构,并且能够继续提供高品质的免费在线课程,使任何希望通过非传统的资金筹措方式学习的人学习,比如通过广告业以及与潜在的寻求招募最优秀、最聪明毕业生的雇主的关系。提供的资金也有可能来自非政府机构,因为这里有很多人坚信教育机会是人权,人权绝对不能服从于金融壁垒或市场力量。

与恐惧或解散慕课的人站在一起的,是那些认为这只不过是抹黑和削弱教育工作者的一个长期过程的自然延续的人。明星教育家被招募来为慕课创建内容和教育活动,其他教育工作者可能迫于压力而"翻转课堂"——让学生把慕课内容作为家庭作业学习,然后在课堂里则把明星教育家提供的教学作为课堂讨论、活动和评价的基础使用。

反对慕课的另一个观点是,慕课通常由庞大的专家团队构建,他们人人身怀绝技。例如,可能有一些负责各种学习成效问题的内容专家、在线课程设计最佳实践中受训的教学设计者、精通于创建实时分析学生行为以提供个性化指导的人工智能系统程序员,以及促进在线讨论的一整套辅导团队。没有哪个课堂教学的教师指望提供这样一种复合的学习环境。因此,即使慕课被证明能够提供优质教育,它也置整个教学职业于岌岌可危。

慕课能否提供优质教育也许不是问题,问题反而成了是否应该允许它与传统教育竞争。现在,大学都争先恐后地加入慕课行列,也许不是因为期望提高教学质量,而是希望中和对他们的生存构成的潜在威胁。这种冲突如何演绎将会很有吸引力。

颠覆性创新产生意想不到的后果,包括好的和坏的。如果慕课被证明是一个颠覆性创新,我们必须仔细考虑其影响并准备应对。汽车第一次出现的时候,很多人发现这是一个令人着迷和兴奋的创新,而其他人则发现它是令人难以置信的恼怒根源。然而,没有人预料到会有数以亿计的人死于车祸。难道我们应该在一个世纪前就提出汽车是非法的吗?这种方便物有所值吗?虽然这些都是事后问题,但是当新的创新产生时,总是有我们必须严肃辩论的新问题。慕课不会伤害任何人,但是当潜在的颠覆性创新产生时,我们有责任尽我们所能地搞清楚它可能会把我们带到哪里,潜在的成本和利益是什么。本书是一个讨论的开始,我们希望该讨论能够使教育专家和其他有关人士帮助塑造一个趋向于更开放、更便捷、更有效模式的教育的未来。

第一章　颠覆高等教育

新千年之交以来,交互式 Web 2.0 工具、高速接入互联网服务、在线轻松参与的学生都急剧增加。当今的数字时代被描述为"世界历史上反复出现的时期之一,当中在经济、文化和技术方面产生的影响深远的变化提出了关于生产、保留和传播知识的基本问题"(McNeely & Wolverton,2008,P. 7)。今天的青少年是与社交媒体的充斥共同成长起来的第一代,媒体让他们能够在网上安心进行他们的大部分社会生活。这种在线社会化的灌输使这些学生做好准备与教师和同学以老一辈觉得难以捉摸的方式互动(Harden,2013)。这些"数字土著"需要的是比具有工业时代特征教育模式的学习标准化和信息知识的线性传输更为重要的东西。

随着慕课的突然走红,业内的许多教育家和专家宣称,这可能是一个颠覆性创新,最终将使高等教育走出工业时代的教育程式,并进入更好服务于 21 世纪现实的模式。前美国教育部长威廉·本纳特把慕课运动比喻为"一个雅典般的复兴",斯坦福大学校长约翰·亨尼西将此比喻为海啸(Carr,2012)。本章将讨论导致人们对于高等教育体制所产生的日益增长的不满情绪的因素,以及慕课怎样通过持续改进大数据和机器学习而可能成为颠覆性创新,转变高等教育景象并满足当今的"数字学生"的学习需求。

颠覆的必要性

慕课的崛起恰逢高等教育成本似乎已经达到一个临界点之时。在过去的三十年里，人们对于大学教育成本的上涨一直心存怀疑。高等教育的成本已经增加了四倍，导致一个总体的感觉，即大学教育对于大多数人来说是不可企及的(Pew Research，2011)。今天，一个需要四年完成的学位的平均成本(包括吃住)远远超过 100,000 美元(NCES，2011)。引起成本巨额上升的因素有很多，包括购买更大和更好的设施，招募"明星"师资以满足不断增长的研究需求，以及过去四十年里持续下降的政府支持(Schejbal，2013)。

中学后教育的成本猛涨，而考虑到生活费用的上涨，平均家庭收入却一直保持相对稳定(DiSalvio，2012)。日益上升的教育成本和停滞不前的工资水平之间的悬殊差距迫使许多家庭和学生靠贷款来支付大学费用，导致学生债务在不到十年的时间里几乎翻了两番。在 2004 年，学生贷款总额大约是 2600 亿美元，今天，该数额超过 1 万亿美元(Cohn，2012)。

尽管有这些数字存在，研究发现，仍然有大多数学生宣称他们的大学教育是对未来很好的投资(Pew Research，2011)。此外，人口普查数据显示，大学和高中毕业生之间收入中位数的年际差异将近 20,000 美元，相当于全部工作年限的大约 650,000 美元。然而，数据表明，时代对于今天的青年来说今非昔比。慕课的兴起恰逢当前的经济无法支持越来越多的高校毕业生的涌入之时。过去十年内高校毕业生百分之三十八的增长率和经济的不景气,导致超过二分之一的 25 岁以下的高校毕业生失业或就业不足(Weissmann,2012)。

如果毕业生们能够找到一份全日制工作的话,十有八九也是与专业不对口的岗位。许多新近毕业的学生发现,他们唯一能够找到的工作只不过是服务员、酒吧招待、收银员或者零售店员(Associated Press,2012),这些职位很少是能给这些满怀期待的毕业生带来指望的就业机会。他们绝望地承担起不断增加的债务负担,只是为了偿还据说是迫切需要的教育费用,以获得一份有好薪酬的工作,并且能够保证他们在社会上有一个适合生产力发展的位置。

现实对于年轻人来说堪称更为艰难的时世。将近一半的大学毕业生表示偿还债务使他们很难维持生计。美联储报告显示,超过四分之一的学生贷款的借款人中有 3700 万人拖延还款(Pew Research,2011 & DiSalvio,2012)。与此同时,几乎八成的成年人说,这一代年轻人花钱上大学然后找工作比上一代人困难得多了(Pew Research,2011)。

社会科学研究委员会(SSRC)在 2011 年所做的一项研究表明,在大学的前两年,有将近一半的学生未能显示出"完成任务所需要的批判性思维、复杂的推理能力以及书面沟通能力的显著增长,而这些方面正是《美国大学生学习评估》所测评的"(Arum,Roksa,& Cho,2011)。难怪将近六成的美国人相信,在学生花钱上大学和实际从大学获得什么之间存在一个价值差距(Carr,2012)。鉴于目前的经济形势和大学教育体制,很难说不需要急剧的变革。

今天的大部分慕课背后的精神是让与互联网连接的任何人免费访问课程,而且有向需要认证的人收取最低费用的趋势。传播知识和信息的慕课途径具有颠覆性创新的潜力,这不仅会降低高等教育的成本,而且还会减少学生的债务。

什么是颠覆性创新？

哈佛大学商学教授克莱顿·克里斯坦森在他的《颠覆课堂》一书中描述了他的颠覆性创新理论,解释了如何以及为什么组织机构努力适应特定种类的创新,并预测组织机构怎样能够运用创新以取得成功。克里斯坦森宣称,在任何行业都有两种创新。第一种是持续性创新,简单地说是为了提高产品的性能,但不打乱目前的市场。仅靠一箱油能走得更远的汽车、平板电脑上更好的屏幕解决方案,或者可以使复印速度更快的复印机,这些都是持续性创新。不同寻常的东西会层出不穷,这不仅是改进的一个渐进步骤,而且会真正地改变行业。即使这个新产品与现存技术相比,通常被认为是不合格的,它也能够导致颠覆。但是,正是因为它价格更实惠并且更容易使用,并受那些不能使用以前的技术的人们的青睐,这个颠覆性创新就创造了一个更大的消费者群体(Christensen, 2011, P. 45-47)。随着时间的推移,通过持续的产品开发,颠覆性创新超越了旧技术,新公司取代了老公司(Meyer, 2010)。

克里斯坦森把个人电脑(PC)的故事作为一个经典的颠覆性创新案例

来讲述。20世纪80年代,在个人电脑找到自己的市场定位之前,计算行业的龙头老大数字设备公司(DEC),一家小型机生产商,被认为是世界上首屈一指的公司之一。小型机虽然比它的前身即大型计算机(占据整个房间)更小,但是它的价值仍然超过200,000美元,而且只有获得工程学位的人才能操作。这给数字设备公司既留下了一个非常小的顾客基础,同时又留下一个足够大的潜在的颠覆市场的空间,来吸引那些以前因为入门成本高而被排除在市场之外的人。苹果公司就是这样一个颠覆者,它很快通过低端的但让更多的人买得起的产品赢得了市场份额。苹果的第一个个人电脑机型原本是作为玩具销售给儿童的,因此,期望它与小型机一样强大对它并不合适。正如克里斯坦森所指出的,彻底的市场颠覆的发生是需要时间的,最初的个人电脑对数字设备公司的增长或盈利影响不大。然而,在十年的时间里,经过新的个人电脑市场频繁的持续创新和微处理器技术方面的巨大改进,个人电脑能够做曾经需要大型机或小型机做的事情。不用说,整个世界实际上被个人电脑改变了。每个人都发了财,除了小型机行业,包括数字设备公司在内,它于20世纪90年代初便不复存在了(Christensen,2011,P.48-50)。

教育界过去的颠覆性创新

瓦尔登大学新兴技术教授、未来学家大卫·桑恩伯格声称,真正革了教育的命的技术创新只有两项——语音字母和16世纪大规模生产书籍的传播,他还暗示,移动技术可能会成为第三项革命性技术(Noonoo,2013)。慕课运动随时准备争夺该头衔,虽然这对教育行业来说,肯定不是第一次声称站在下一个变革教育的伟大创新的风口浪尖。

20世纪初期,现代邮政系统使得高等院校将他们的课程和作业发送给有任何信箱的人,这就是所谓的函授课程。大学极度渴望通过招收更多的学生来创造额外的收入来源,因此承诺更加个性化的学习体验、个人关注和根据个人的方便而工作的能力。到1920年为止,函授课程已经惊人地招收到比就读于各高校的学生多四倍的学生。然而,不久人们就认识到教学质量远低于那种承诺,到了20世纪30年代,革命就已经死了(Carr,2012)。

似乎每一代人都有一项自己的技术,声称那是医治折磨教育体制的弊病的灵丹妙药。20世纪40年代收音机走红,导致很多人相信它可以有利地应用到通过电波传送课程上。于是,通过一档名为"空中学校"(SOA)的节目,结合学校课程内容,为基础教育阶段(K-12)的学生设计的学习课程向全美的听众开播了。虽然很多人对"空中学校"行动抱有很高的期望,但它从未吸引超过百分之十的学生数(Bianchi,2008)。20世纪60年代轮到电视"出彩",甚至连约翰逊总统也说解决教师短缺的办法是通过教育电视。但是,这个混合技术与学习的探索失败了,包括20世纪60年代在美属萨摩亚搞的一项实验,那里的学生通过教育电视演播来接受百分之八十的内容传送。然而不到几年,包括学生在内的每个人都认识到他们的学习成绩在下滑,因此该项目被放弃(Toyama,2011)。

20 世纪 80 年代预示着个人电脑的革命的到来，数以百万计的个人电脑开始进入寻常百姓家中。最早为个人电脑开发的教育训练课程是在 1981 年完成的，到 1989 年，几乎百分之九十的教师都认为电脑革命是"教育的福音"（Associated Press，1989）。虽然它取代了小型机并使全球数十亿人的生活变得难以想象地更加容易，但是个人电脑并没有像许多人原来设想的那样改变了教育。这段历史使人们很容易看到，"教育技术的重复周期通过炒作、投资、不佳整合——教育成果的缺乏"，似乎像瘟疫一样折磨着教育体制（Toyama，2011）。当今一代手里肯定拿着的潜在技术救世主赐予他们自己的那一份东西，滥觞于 20 世纪 90 年代末的互联网。

创新性在线学习

桑恩伯格宣称移动设备将成为颠覆教育的第三个创新性技术的时候，很多其他的研究者和作家将一系列潜在的创新称之为下一个颠覆。它们包括维基百科、博客、社交媒体、开放资源、在线共享内容（RSS）、谷歌、云计算和虚拟世界（Meyer，2010）。然而，这些"一时的流行"没有哪一个辜负了炒作，当然它们也没有颠覆教育。有些人惦念的一个问题是：慕课会颠覆教育吗？很多人同意约翰·亨尼西的评价，认为慕课通过从公认的玩家到新贵初创企业和替代供应商，不断地转变市场力量，复制那些已经重塑全球信息、媒体和新闻等行业的颠覆性创新

(Boxall，2012)。另一方面，更多持怀疑态度的观察家声称，慕课会更像现代版的函授课程，并指出这样一个事实，即慕课供应商没有一个完善的商业计划，从而忽视慕课对现存体制构成的威胁。然而，克里斯坦森(2011)指出，创新理念永远不会以成熟的商业计划形式从创新者的头脑里蹦出来。相反，它们往往是一个计划的碎片(P. 75)。无论你怎么看待它，并且虽然商业模式离完美相距甚远，然而毫无疑问，投资者会从拥有成千上万的被吸引的客户中看到巨大的市场机遇。鉴于目前围绕慕课而产生的市场口碑，估计到2015年，全球慕课市场价值将超过1 000亿美元(Boxall，2012)。这是一个惊人的数字，考虑到"全世界都能听到"慕课，塞巴斯蒂安·特隆的研究生水平课程"人工智能"有来自190多个国家的160,000学生报名，这发生在此估计之前不到两年的时间。

给学生免费提供课程是一种值得称道的利他思想，也有助于扼制成本上涨及债务危机。然而，慕课能否对于学生的学习提供保证仍然未知。一些专家说，网上学习如果不比面对面的学习更有效，起码也一样有效。美国教育部(DOE)最近实施的研究显示，平均而言，在网络条件下的学生比通过传统的面对面授课学习相同内容的学生表现略好(Means et al，2012)。美国教育部的研究结果还显示，视频或在线测验无助于学习的显著增加，虽然这确实给在线的学生更多与媒体互动的控制权，也为促进学习者反思、增强在线体验提供了机会(Means et al，2010)。这些发现与卡特里娜·迈耶博士的研究结果相呼应，她发现，网上学习之所以更加有效主要是由于学生在任务上花了更多的时间，他们对自己的学习有更多的控制权,并且留出机会来反思(Meyer,2010)。

另一方面,其他研究表明,学生的学习动机受到在线学习的性质及其导致拖延的可能性的影响(Elvers, Polzella, & Graetz, 2003)。例如,你可能只需要每周登录一次来提交一份作业,或者在小组讨论或在线视频讲座的时候简单登录一下,但是同时可能还在做其他的事情。然而,为了学习,学生需要积极参与到获取信息的过程中,而且最重要的是,把信息加工成能用语言表达的、对自己的工作有用的形式。没有这些技能的学生要适应这种在线学习环境可能得有一段艰难的时期。克里斯坦森(2011)认为,虽然数据确实显示在线学习对于那些高度积极的学习者更合适,但是市场的趋势在发展,随着时间的推移,在线学习将变得更具吸引力,从而触及不同类型的学习者(P. 100)。如果教育以一种与学生自然学习的方式共鸣的方式来呈现,那么,理解就会来得简单,学习就会带来内在的激励(P. 27)。这就是为什么慕课越来越多地使用创新性教学法和新技术来传递促进学生参与和处理能力的内容的原因。

传统上,在线课程大部分都是录音讲座,这种方式很不利于学生的参与。有些慕课也包括教授讲课的视频,但是,这些讲授被分成短片段,每一段后面都有练习和小测验,使得慕课与众不同。这种形式使学生更多地参与到课堂中,而且研究已经表明,这种反馈有助于学生更好地理解和记忆课文(Carr, 2012)。艾尔玛学院院长杰夫·阿伯内西决定,在让他的学校搭上慕课这班车之前须谨慎行事,并且他认为,今天的学生需要的不仅仅是把"圣人从舞台"移动到电脑屏幕,再增加几个小测验让他们去做。

慕课运动可能有助于降低成本，而最重要的是我们这样做的时候要增加学生的经验值，而不是降低学生的经验值（Abernathy，2013）。实际上，视频讲座是许多慕课课程设计的唯一形式。许多慕课甚至连"讲座"内容都没有，而是一些阅读、多媒体学习、师生互动、讨论和课题作业。慕课可以通过允许学生探讨、创造来改变学生学习的方式，比如探究式学习、基于项目的学习、基于挑战的学习等等，就像卡内基梅隆大学的开放学习计划，或者游戏化学习。

在《2013年新媒体联盟高等教育地平线项目预览》中，游戏式学习被作为一个有效的并且很快得到普及的学习工具而倍加强调。已经证明，把游戏整合到教育经验中对于认知发展和培养学习者的合作、交际、解决问题及批判性思考等软技能大有益处（NMC，2013）。随着慕课持续不断地转变对信息和课程的可访问性，对于课程设计者和教师来说，如何激发学生完成课程并熟练掌握就会显得尤为重要。这些教学方法可能会被视为高等教育中驾驭慕课的力量，从而把学生的学习提升到更高的水平。

机器学习和数据挖掘

不过，仍然有人不相信在线课程能够与参加教师和学生面对面的课堂学习取得一样的效果。由富有激情、引人入胜的教授执教的在线课程绝对能够为很多学习者提供机会。然而，阿肯色中央大学教授写作的导师格雷戈·格雷厄姆声称,学生最需要的是直接性,即他们认为电脑不能提供的东西。他所说的直接性的意思是学生从教师那里接受定制的课程,把教师看作"用所有的感官,包括直觉,去搞懂是什么让每个学生打钩,并使用每一样工具,包括触觉和其他非语言的沟通,令学生卷入其中的艺术家"(Graham,2012)。格雷厄姆未能看到的是大规模数据处理和机器学习或者学习分析的潜力,也就是 Udacity 联合创始人塞巴斯蒂安·特隆所相信的秘诀,即开发既有吸引力又以学生为中心的课程材料(Carr,2012)。

分析软件的发展已经使计算机有可能筛选在整个课程中收集的大量数据。大数据和学习分析"是对从学生中产生并代表学生而收集的各种数据的解读,以此来评估学业进步,预测未来表现,并发现潜在的问题"(NMC,2013)。目前,计算机能够追踪可能影响学生在学习一门课程中所采取的选择和反应。专门从事适应性学习的"纽顿"公司研究部主管大卫·孔茨负责开发在线辅导系统,该系统能够了解学生的需求和学习风格,并根据收集的数据调整课程。例如,给出一个小测验的答案的时候,可能会给学生提供关于一个尚未完全掌握的题目的更多信息,或者在显示熟练掌握之后,引领学生一步步进入一个新的话题。此外,数据收集得越多,程序就会变得越好(Carr,2012)。

为了适应学生具有不同的学习方式这一事实,孔茨预测这类软件能够很快自动适应材料呈现的模式,以便完全适合每个学生的需求和学习风格。基本上可以说,通过跟踪学生在什么地方点击过,他(或她)什么时候加快和减慢了速度,计算机就能够得知学生是如何学习的,并能"预知他们的需求,并通过可能最大限度地发挥理解和记忆的任何媒介来传递材料"(Carr,2012)。向一个学生呈现材料的模式可以在课程的每一个阶段变化,甚至根据一天中的时间而发生变化。学生是否通过读课文、看视频、听讲座、玩游戏或参与讨论学得最好,该软件能够满足每一个学生的需求。

孔茨预测,在不太遥远的未来,通过所有的数据挖掘和数字运算,计算机能够围绕每一个体学生的学习需求设计并提供一个完整的学习环境。尽管孔茨和其他慕课支持者对于分析软件的进步抱有热情,斯沃斯莫尔学院历史学教授蒂莫西·波克却不表深信。在他来看,远程教育典型地缺少炒作不是因为技术原因,而是因为它的模式有"深层的哲学问题",他像格雷厄姆教授一样坚持认为:"大学教育的精髓存在于师生之间微妙的相互作用,无论你的编程多么精密,这种作用是无法用机器模拟的。"(Carr,2012)虽然这种思路的感觉很好,并把我们带回到一个更加简单的时间和地点,但没有考虑到大型数据集合的潜力。

学生在课程中的每一个变量和行动都被跟踪和编目。从学习几千门课程的数十万学生那里收集的大量数据会给课程开发者和教授们提供信息,比如什么对于课程有效,什么没效。Coursera 的合作创始人之一达芙妮·科勒指出,通过收集如此海量的学生的细枝末节行为信息,我们就可以在人们如何学习、如何掌握复杂的材料方面获得新的洞察和理解(Carr,2012)。由这些新的洞察而引起的可能性留待任何人去想象。

不断变化的景象

慕课运动具有导致高等教育景象发生很大变化的潜力。随着这场将在高等教育领域发生的颠覆,大学校园里的报名人数会不会下降?研究计划会不会在大学搁浅?或者,教授会不会失业?一些人觉得会有变化,但不至于达到让高校关门、教师歇业的程度。今天的大学制度经受住了教育的私有化,并反复证明在安置毕业生就业方面优于那些以盈利为目的的学校(Weissman,2012)。研究指出一个事实,虽然盈利性大学的招生规模大幅增长,但是公立大学的入学率也在不断上升(NCES,2011)。随着就业市场对于高等教育的需求不断增强,越来越多的学生将重返校园,或第一次上大学。然而,这些学生不可能忽略成本因素,这也恰恰是慕课找到其生存空间的缺口之所在。随着课程继续不断地在线免费提供,学生对这种学习模式的兴趣也就继续保持。

未来一代的大学生是在以技术为基础而社会交往蓬勃发展的环境中长大。美国大学信息技术协会(Educause)的应用研究中心报道,百分之七十的学生说他们在混合式学习环境下学得最好(Educause,2012)。学生希望能够在线获取内容和信息。慕课模式可以作为学生教育的一个启动点,以此引导他们来到大学校园的教室里,这与伦敦大学开设慕课以吸引发展中国家个人注意力的决定颇为相似,其希望不外乎是把慕课作为一种接触新生的潜在招生工具,说不定这些学生想在一个分校区学习课程呢(Corbyn,2012)。

大学利用慕课来提供更丰富、更吸引人、更有效的学习体验的同时，可能还用来从根本上翻转课堂。总部位于英国的研究机构"无国界高等教育观察台"主管威廉·劳顿设想了这样一个场景：许多提供比较相同的教学内容的大学，比如经济学的入门课程，在利用一个就像 Coursera 那样的在线共享平台的优势。学生们会在家里用他们自己的电脑看视频、探索课程材料，然后在他们自己所在的校园的教室或实验室集合，进一步讨论并更深入地探究内容（Carr，2012）。"翻转课堂模式"目前在数目相对较少的课程上运用，但是劳顿提醒，扩大这个模式可能有深远的意义（Corbyn，2012）。

南加州大学前教务长、负责学术事务的高级副会长劳埃德·安德森对于传统大学校园深表担忧，由于慕课成本低、可扩展，大学校园恐怕面临更糟糕的前景。他辩称，教育界的私人竞争者会通过慕课平台，利用现有的混合式学习和数字技术，把传统大学的教学一条腿与作为大学之目标的研究和服务的另一条腿分离或"松绑"。这将会导致出现只有搞研究的教授而几乎没有学生，庞大的基础设施近乎闲置的大学空壳（Hunt，2011）。虽然安德森的预测可能耸人听闻，但他不是唯一一个给未来大学校园描绘了如此一幅凄凉画面的人。

科罗拉多大学历史学教授乔纳森·里斯（2013）给这种"松绑"与工业革命中管理者的夺权划上了等号，即通过任务的专业化发展而"剥夺了工匠积累的技能和知识"。他认为，大学管理者们的这种松绑对于大学教授们而言，同工业革命者对工匠的夺权如出一辙。鲍勃·塞缪尔斯在加州大学洛杉矶分校高科技高等教育论坛上所做的报告中附和了里斯的观点。他从会议得到的几条受益经验主要是课程教学如何被分解成独立的任务,诸如设计、介绍和营销。塞缪尔斯(2013)进而指出,新的企业模式已经出现,大学在重新包装由大教授讲的大课程,然后再卖给其他高等院校。许多教员对此表示无比愤慨,因为他们知道这对他们的职业意味着什么。

在学习由弗吉尼亚大学菲利普·泽利寇教授讲授的世界历史慕课时,里斯看到了这种方法中的潜在谬误。里斯解释说,泽利寇教授向他的弗吉尼亚大学学生承诺在校园组织小组讨论,人数不超过 60 人,并由他本人主持。这对那些真正能够如愿来到弗吉尼亚大学校园的学生来说是很美妙的事情,但是对于那些在别的州或在国外通过 Coursera 上课的学生来说,情况又会怎么样?在那些别的校园里,当地的教师会主持基于泽利寇教授的课程内容的讨论。里斯驳斥了这个想法,并发出警告:

> 没有哪个怀有自尊心的具有终身职位的历史学家会允许他在内容上的创造的知识被外包出校园,因为正是选择了他们所教的东西才使工作变得有趣。此外,正如我以前所解释的,内容知识才是让一个博士感觉他的薪水价有所值的东西。如果没有内容知识,我们就会像中学教师一样被付给报酬,或甚至比不上。尽管泽利寇有良好的意图,但对历史教授的松绑就是这么开始的。(2013)

换句话说,里斯相信,通过允许别人使用他们的成果,教授们是在剥夺其他同行的工作喜悦和工作的理由,也是在冒毁灭他们的职业的危险。然而，里斯最大的反对意见是认为占领该行业的私营实体（风险投资商）很少甚至根本不从整体来考虑什么对于学生、教师或行业是最好的，却仍然会获得他们的利润，无论他们是否能够提供一个有效的学习环境（Rees，2013）。

在对整个慕课运动的严厉斥责中，圣地亚哥城市学院的六名教师争辩说，大学向慕课的迈进贬低了教授们的地位，除了为数不多的"明星"外，他们被贬谪到了简单的"信息传递系统"的地步。他们声称，教授们的工作将会"为他们自己的职业绞刑制造绳索"（Cost et al，2013）。在他们看来，慕课可能有助于降低高等教育的成本，但不会改善质量。事实上，对于那些更难以付得起精英教育费用的人来说，离公平的竞争环境相距甚远，他们认为这会创建一个两级体系，一边是仍能够从权威大学得到真正面对面教育的人，另一边是不得不满足于"快速、廉价和容易"的某种东西的人（Cost et al，2013）。格雷厄姆教授指出了其中蕴含的讽刺，他认为，一个应当促进知识和信息均衡的运动实际上造成了"穷人和富人"之间悬殊的差距（Graham，2012）。

然而，争论的另一面是，通过划分教育工作者的传统任务——在技术进步的帮助下——学习可以马上变得既更便宜又更优质。无论反对还是赞成慕课，绝大多数人能够认同，需要解决的人们最注的问题之一是如何在将教学内容传递给数量庞大的学生的同时，仍然保持形成有意义的人际关系必需的亲密感，这是任何成功的学习环境中必不可少的。塞缪尔梅利特大学教学设计者泰德·科伦（2013）认为，对于一个成功的学习环境来说，最重要的是"个性化的及时反馈和与教师频繁的互动"，而不是讲座的质量、课本或技术的运用。在所有的这一片喧闹中，似乎漏掉了一个理念,即在线学习和任务的划分实际上将允许教师为学生提供更多的个性化的时间。对于那些担忧在这个模式转换中其角色将何去何从的教职员工,卡特里娜·迈耶博士提醒他们:

> 需要有人设计教学、开发自助工具和课程内容、回答问题并且指导有困惑的学生。也需要有人建立学习成果并设计能够确定学习是否发生的评估。也需要有人满足那些学生的需要:在线学习设备不齐全的、没把握的、没经验的和有困难的学生。需要有人帮助学生掌握如何学习以及如何在网上学习。需要有人在连接的另一端为学生提供支持、适时的问题、参考、对于所做事情的批判以及如何在下一次做得更好的建议。(2010)

为了开发一个有效的学习环境,显然还有许多事情要做。网络技术的使用仅仅允许教师的授课、考试、评卷等不太有吸引力的活动自动化,以此给他们更多的自由,将更多的注意力集中在为学生创造基于需要和兴趣的选择上(Curran,2013)。

不要把这个转变看成活生生的教授与跟踪学生的一举一动的学习管理系统之间的相斗,与此相反,最好是欣然接受两全其美,协同工作,创造更好的教育成果。对于任何当过课堂教学教师的人来说,无论是初中还是高中教育,显然在任何一个班级,都有比任何一个教师所能有效地应付的更多的事情要做。教师很容易筋疲力尽,这从以下事实可见一斑,46%的教育工作者在他们的第一个五年内就脱离本行了(Curran,2013)。不是试图少花钱多办事,想象一下,如果由具有多样性和互补性技能和优点的教育家团队来教授,那会创建一个什么样的学习环境呢?

这种设计被称为教师分解模型,业已由在线的、以能力为本位的机构声势浩大地予以实施。UniversityNow(注:一个社会合资企业,经营着两家认可的大学)评估部主任乔迪·罗比森(2013)宣称教师分解模型更好,因为教师不再因为尝试做这一切而不堪重负。这种模型中有许多重要的角色要担当。有些教师将与教学设计师和主题专家合作设计课程,而其他教师将担当推进者,让他们有机会与学生更密切地合作。还有一些教师可能选择只专注于评估和评价。这种模式的一个好处是把评估角色与教师角色截然分开,以至于任何来自于教学经验的潜在的评估偏见都将被剔除。罗比森(2013)认为:"这样一种设计应该能使学生为其水平熟练建立起更强大的信心,因为学生的表现会在其展示的基础上受到评价,而不依赖学生与教师的接触。"此外,教师分解模型允许学生建立一个更发达的学习网络,因为课程设计、推进和评估由团队的不同成员完成。最重要的一点是,教师不能为了所有的学生而试图去做所有的事,而是要能够把时间和注意力放在他们最擅长和最了解的事情上,使得他们有更多的时间来给予学生个人关注和反馈(Robison,2013)。

接下来是什么?

不管高等教育体制——像今天的这个样子——需不需要挽救,这个问题必须要问一下。传统大学是围绕这样一个事实设计的,即学生必须身体力行地与教授一样亲自到同一个地点,获取需要学习和开发的信息(Horowitz,2013)。今天,这个模式不再需要,也不可持续。在线学习已经证明了其本身就算不是比面对面的教育更有效,也是一样有效的。随着大数据和机器学习不断地变得更好,在线学习的未来有望远离标准化而更吸引人,并且以学生为中心。这就消除了学生和教授之间亲身接触的必要性。过去三十年的学费暴涨和随后的学生债务泡沫已经使得既定教育体制难以为继。因此,纽约大学教授克莱·舍基认为:"慕课得以坚持的可能性是教育的教学部分可以是'非捆绑式',让受教育的机会降临之前没有得到过这种机会的人。"(Horowitz,2013)慕课与其他颠覆性创新共有这个特质,正如克莱顿·克里斯坦森(2011)在他的研究中所发现的:"要成功,颠覆性技术必须应用于替代方案为零的地方。"(P.74)换句话说,如果慕课得以成功地颠覆传统大学体制,慕课势必要让那些以前被拒绝进入市场的非消费者唾手可得。

慕课短暂的历史与过去的另一个颠覆性创新故事的情节如出一辙。克里斯坦森(2011)解释道:"与所有的颠覆相同,第一次出现犹如雷达上的一个光点,接着,似乎是莫名其妙地出现,主流迅速采用了它(P.91)。"慕课运动显然在遵循这个轨迹,使得许多人关注大学将如何采纳它。克莱·舍基不无担忧,如果传统大学不快速行动,它们势必会输给Coursera、Udacity等同类以及其他虚拟学校,重蹈音乐行业未能对音乐分享网站纳普斯特做出反应而失去下载业的覆辙(Bustillos,2013)。然而,如果慕课被证明是一个真正的颠覆性创新,上述这些正好是需要发生的。采纳任何颠覆性创新之后所留下的后果,是旧的公司或机构被新的公司或机构取而代之,处理事务的老方法被更新的、更好的、更有效的方法所替换。慕课增长的速度及其普及性,连同持续创新可预见的稳步发展,把慕课推上了颠覆性创新的轨道,这不仅会变革高等教育体制,而且将变革整个世界的学习以及接受教育的方式。也许,问题并不是高等教育体制能否被拯救,或许最好这样问:它需要拯救吗?

第二章　通过互动的教育

当我们开始层层剥离慕课的外壳,思考它给高等教育领域带来什么的时候,很重要的一点是要看通过开放和大规模环境中的学习而具有的能力。在这一章里,我们将介绍与学习相关的基于成人大脑及儿童发展的研究,审视世界上信息传递的快速变化模式,并讨论互动在教育中的重要作用。特别是要讨论在线互动作为学习的一个过程和手段所发挥的作用。

基于信息传递的大脑研究

许多研究表明,成人大脑有继续发展的能力。这在神经科学中被称为可塑性,用通俗的语言叫做学习。香港大学的维罗尼克·夸克、谭利海及其同事在《国家科学院院刊》发表的一篇论文中得出结论,成人大脑"……当接触到类似于婴儿在学习中所经历的刺激时,能够实现新的快速增长"(Yirka,2011)。虽然成年人与儿童是通过不同的心理过程学习,但是他们学习的能力是一样巨大的。然而,对于儿童和成人来说,学习是一种社会活动,在很大程度上依赖于和其他人互动的质量。

全国课程及评估委员会(NCCA)提供的一份指南列出了儿童通过互动从中学习的四种策略,分别是建立关系、促进、组织及指导(National

Council for Curriculum and Assessment,n. d.)。每一种策略都需要儿童运用多种沟通手段与同伴互动,以便使他们的兴趣得到最好的满足。随着年龄的增长,第一种策略即建立关系的重要性不断增强。例如,你想一下,一个潜在的老板是怎样看新的应聘者的。无论面试的问题或类型怎样,你都会认为求职者能否被聘用取决于他们与招聘小组的沟通和交流。

因为慕课是以在线为基础的,你不可能认识其他成百上千的参与者中的任何一个人,因此你被迫重新回去扮演幼儿的角色,不得不重新开始建立新的联系。想想慕课的网络化方面。你在学一门可能或不可能与你的兴趣一致的课程。然而,你肯定仍有机会找到与你趣味相投的人并与之建立联系。常规课堂里则并不总是如此。你只不过来上课,偶尔进行一下小组讨论,然后你走你的了。

第二个策略是促进。"儿童是通过参与作出选择和决定进行学习的"(National Council for Curriculum and Assessment,n. d.)。在线教育通过互动把学习者推到了教室前面。要完成任何小组任务或课题,你需要与你的搭档们互动沟通。这里再不存在坐在教室后面、做笔记、听教师讲和听其他学生讨论某个主题这些事。你不得不努力把你最好的一面展示出来,因为你的努力和投入不只是被教师看到,也是由你现在的同伴来评价。不仅仅是被评价,而且是被讨论、验证、修改。虽然这可能导致你改变对于一个问题的初步决定或选择,但是你将会通过互动和与别人合作的过程而学习。

由全国课程及评估委员会(NCCA)陈述的最后两个关于有效学习模式的理念,探讨了给予个人去组织并指导场面或他们的自由。慕课允许学习者决定他们学习的时间、地点以及与谁、如何完成任务。掌握自己的学习主动权并渴望获得新的信息和知识对于个体来说作用是很大的。依赖慕课而构建的平台允许更大程度的学生自主性,同时也提供了一套同伴互动的工具。

我们积累的大部分新信息及技能是通过与别人沟通的方式获得的,无论是通过面对面、媒体和新闻,还是网上社交。据2012年一项聚焦于人们很少讨论的脑白质部分的研究报道,大脑的这一充当通信网络的部分占到大脑体积的大约百分之五十(Schlegel et al, 2012)。这就是说,我们的大脑的一半致力于信息传递吗?当教育家们编辑一门课程时,这是如何影响他们的思维的?如何传送和接收课程必须是整体课程设计的焦点。

在线课程设计中以研究为基础的最佳实践表明,计划成功实施在线课程的任何人,都应该把主要焦点放在如何有效地运用多种交流模式上去,使之在课程内容和结构上贯穿始终。这会使学生充分利用大脑的那个白质部分,实际上它的作用就像大脑的不同处理中心之间的一个连接电缆。一旦那些连接开始形成,大脑就能够进一步处理信息。随着越来越多的在线课程得到开发,使交流得以实现的手段将会在学生成绩和学习的全面成功中起到重要的作用。

在线教育的增长

我们看到了通信方面的显著变化以及在线和技术交流的增长。随着社会互动和沟通持续快速适应新技术以及我们使用的工具的变化,高等教育领域在更大的范围内也感受到了这种涟漪效应。远程教育从一开始就被推崇为一个方案,解决成人由于其职业、社会和(或)家庭义务使他们追求教育目标的能力受到限制的问题(Lenoue & Eighmy, 2011)。

自从 20 世纪 70 年代以来的二十年里,随着国民经济的全球化,一种竞争气氛由此而生,驱使人们为了在职场中取胜而成为终身学习者,因此,对于远程教育的需求已经增长(Lenoue & Eighmy, 2011)。随着在此过程中不断出现的职业变化,成年人自然都希望学习新的技能。对多数人来说,返回大学校园是根本不现实的。

关于在线教育及对于它的使用者、支持它并实施它的大学有何影响的问题已经被广泛讨论。对在线课程的需求的统计是积极的,并且表明越来越受欢迎。在过去的几年里就已经预测过,在线教育的增长将开始达到稳定阶段,并停滞不前。然而,2010 年通过对于 2600 所高等教育机构的调查,有报道说"有史以来网上报名的年度增长最高——超过百分之二十一"(Kaya, 2010)。

2009 年,大学方面报道"又有一百万名学生注册了至少一门网络课程,使在线学生的总数达到 5,600,000",高于上一年的百分之十七增长率(Kaya, 2010)。这么大规模的增长表明,高等教育的在线课程正在变得越来越为学生所欢迎和需要。这会不会是一个迹象,表明高等教育正在变得越来越基于网络,而课堂内的和面对面的互动越来越少了。

同一个调查发现,营利性机构的数目出现了百分之二十的突然增长,说明"在线教育是他们长期战略的关键"(Kaya, 2010)。报告还说,四分之三的高等教育机构声称在线教育是它们的长期计划不可缺少的一部分，而且都是营利机构领头。巴布森学院统计与创业学副教授、巴布森调查研究小组副主任伊莱恩·艾伦表示，营利性机构不成比例的增加可能意味着在线课程正在成为他们的"面包和黄油"。大学在告诉自己"如果我们要成长并有利润，我们必须要呆在在线领域"（Kaya，2010）。换句话说，消费者正在建立对于在线教育的需求，而教育机构都在竞相满足该需求。

正当高等教育入学率整体下降的同时，在线课程参加人数却连续十年持续增长（Sheehy，2013）。随着最近几年慕课的"更趋新的"实施，这个数字还会继续上升吗？可能在这场游戏的早期，很难预测慕课是否会继续在在线教育的未来发挥重要作用，而且以某种方式促进在线获得高等教育，或者说是否学生将继续坚持他们所熟悉的——4年的大学课程。然而，66％的大学管理者说网络教育与面对面授课一样，或者更好一些（Kaya，2010）。

学习是互动的

围绕慕课的实施而产生的热情兴奋是这种新的学习模式从本质上吸引大家注意力的原因。我们在学习中所处的世界是一个靠社交和沟通而发展壮大的世界。互动是关乎在线学习质量的一个关键因素，也是周围的每个人都能发出心声的关键（Heeyoung & Johnson，2012）。这个声音渴望被倾听。

为什么不把人性的这一关键因素作为一种增加知识和技能的工具而利用呢？无论我们在哪里工作、娱乐、休息，这都对我们有益。慕课给我们提供的学习模式允许每个人重新返回教室，继续发展他们的知识技能。活到老学到老，这不是什么秘密，但是对于多数人来说，一旦进入成年期，没完没了的其他优先考虑的事情就会出现，获取有创见的新信息的很多机会是很难得到的。

我们作为一个国家在网络上花费了大量的时间，用于使用社交媒体。根据尼尔森的年度社交媒体报告，仅仅在 7 月，美国人在社交媒体网站就花费了 1210 亿分钟。如果将这个数字分解成我们可以理解的东西，这相当于花费了 230,060 年的时间来发邮件、在 Twitter 上发微博以及使用个人识别密码。此外，调查发现，人们在社交网络网站花费的时间比在其他类别上花的时间更多 (Popkin，2012)。简而言之，人类花费大量的时间，并通过使用社交媒体、智能手机和平板电脑与他人沟通互动。如果我们想让我们的学生成为终身学习者，那么，把学习与沟通及与同龄人的网络联系结合起来是重要的。已经发现，在线学习环境中的互动与学生的高阶思维和认知学习成果有密切的积极联系（Heeyoung & Johnson，2012）。研究表明，这些互动已经产生积极的联系与成果，在线学习模式的积极变化也正在以不断加快的速度涌现，譬如慕课。

人类想取得尽可能最大的成就。马斯洛在他有影响力的著作《动机与人格》(Maslow，1970，P. 92)中描述了这一点。通过社交媒体能够与大众进行沟通，使人们因为能够触及一个更大的群体而感到更多的自我实现。在丢不下工作、离不开家和家人的学生们已经使用远程教育数十年的同时，我们已经看到了教育技术的急剧增加，如通信工具、视频会议和多媒体内容传输工具。这导致了"高等教育中越来越多的研究，探讨在各种各样的课程范围内为个人准备的远程教育的需要"（Shik & Skellenger，2012）。慕课正在日益上升，迎接挑战，通过各种在线学习平台来继续增加可选科目的数量及内容范围，以满足这些需求。

正当我们写这本书的时候，目前与全球大学合作提供慕课的最大的初创公司 Coursera 宣布，他们已经与另外的 29 所大学签约，在他们的平台上投放另外的 92 门课程（Coursera，2013）。随着大学，或许更具体地说是营利以及非营利公司，试图向所有的人提供全面及整套的教育机会，像这样的宣告还会继续在全球范围内发生。

去年，几家不同的初创公司抓住与精英大学合作的机会，向全球参与者提供慕课。Coursera 是其中之一，《纽约时报》说它有一种类似于脸谱（Facebook）的氛围（Pappano，2012）。如果你要加入，可创建你的个人资料页面，并更新你的个人信息。在这里，你可以计划在线或面对面地与学习相同课程的其他人交流。人脉网络和协作是今天的职场必不可少的技能。在当今世界，新的简历就是你的在线公文包、博客或网站，重要的是要显示你关注信息，并且与那些可以由此搜集到新的信息的人有联系。慕课不仅让人类从任何地方都能学习新的技能和信息，而且为人们提供了能够这样做的持久的联系，在企业和雇主的眼中，慕课的这种能力起最重要的作用。

慕课运动利用了人类需要分享的需求的优势，允许人们就各种各样的题材与别人一起学习。有意思的是，一些人感觉慕课提供的互动比大学校园里的互动更好。在一个讨论企业和雇主从慕课有何收获的视频采访中,克里斯·霍顿回顾他的大学时代。他说:"我花费的大部分时间都是在自学。"(Royer,2012)这是在他攻读硕士学位期间。很多大学生可能都会认同这一点。他们回家学习,或者在校园图书馆里找个地方独自安静地学习。我们想当然地认为社交是大学经历的一部分,这个想法可能不准确。但另一方面,霍顿关于慕课的经验在有规律的基础上提供了互动。

我们在互联网上学习的能力给予我们很多多样性的互动机会。这种多样性包括与年龄段、文化、性别、背景和经历都不相同的人互动。通过在线互动,这些多样性方面将会创造大量的教育知识。既然学生们学习方式各异,风格有别,这种多样性会允许他们选择最适合需求的模式,以达到受益最大之目的。

互动带来合作

学生可以通过慕课与他人合作,或向彼此学习,或向专家、来自不同文化背景的同侪以及不同背景的人们学习。伴随这些有益的品质而来的是通过在线互动而发展的技能,诸如"自我意识、分析思考、领导技能、团队建设技能、灵活性、沟通技巧、创新能力、处理问题能力、倾听的技巧和善于应变"(Cleveland-Innes & Ally,2012)。克利夫兰-英尼斯等人实施的研究探讨了对于两个在线交付平台的对照比较,指出了通过在线互动的学习而获得的整体效益。

在线互动的好处是可访问性和时机的灵活性。学生有能力彼此协作，并且按照自己的进度学习，这被证明是一大好处。在线课堂似乎在参与者之间提供了一种更加吸引人并且互动丰富的氛围(Cleveland-Innes & Ally，2012)。社交软件通过支持使用互动方法和多媒体材料，为教育者提供了比以前的任何教育技术所能提供的更多的方法，吸引学习者参与(LeNoue & Eighmy，2011)。通过这些新的创新性互动方法和社交软件，在线学习的增长已经变得更加普遍。随着在线学习技术的"新"发展，增长可能意味着我们在高等教育层面看到了一个前所未有的"参与者"激增潮，这是缘于它现在容易接近、负担得起、"就在家里"的事实。

社会化是通过互动进行的教育的很大一部分。教育的社会化进程也带来思考和沟通、刺激和纪律。学生将不得不进行交互学习和向彼此学习。正如克利夫兰-英尼斯和安丽所述(2012)，通过媒体学习有它的好处，因为使用媒体的时候实施了学习策略。通过媒体学习所需的技能有别于亲临课堂所需。

斯特伯斯的文章《小组学习的分类模型》专注于通过互动而参与教育的小组学习。小组合作任务被证明能够显示理解的增强，且有助于教育教学过程(Strijbos，2000)。在线小组任务以互动的教育为基础，迫使每一个学生与他人互动，并陈述自己的观点。在线课堂里，学生分享思想更加自由，完全不必担心会发生面对面课堂里可能产生的反应和冲突。此外，他们不得不参与，因为这会影响他们总的课程分数，而且常常整个系统以这样一种方式建立，即学生无法看到下一个学习模块，除非等到他们圆满完成讨论、同侪反馈或小组项目任务。在线学习的全部互动因素与面对面课堂的含义完全不同。面对面课堂里的学生只要求在规定的时间段到课堂，而且根据教师的要求自愿进行互动。而在线的学生被迫使互动，而且要不断登录，发布作业并对同学做出回应。

在线教育：新的个体教育计划？

教育正处于一个转折点，当下学习的焦点正变得更加富有个性，并自定进度。实体课堂基于一刀切的方法使教学面向全班学生，而不能针对个体的需要和风格。但是在通过慕课进行的在线教育中，个体的学习需求和风格通过学生的彼此互动而得到满足和迎合。学生互相学习，并从彼此的优点和弱点得到滋养，这促使每个学生通过与同伴的互动而学习。

正如阿巴吉安等人（2011）所论述的，通过慕课进行互动的方法有很多种。其中一些是社交网络，例如通过谷歌视频群聊参加不同的在线小组，使你通过网络语音和视频和他人进行互动。这样就会创造一个类似现实生活中面对面课堂的情景，学生在这里能够感受到互联网上相互之间不同层次的联系。

通过慕课进行互动的另一种方法是学生凭借课程论坛帖子进行互动，也是由阿巴吉安等人（2011）提出。在这里，某些情况下根据课程要求，学生为了课程中的一个分数被迫通过论坛参与互动。一个学生发布他或她的思想，接着，学生们以有价值的问题和反馈来回答。这个过程是为了创造一个在同侪间进行的来回的对话,同时生成互动的时间,扩大每个人对于此话题的知识和思考。这样能够促使学生形成自己的观点,并找到支持观点的方法,而这又反过来迫使他们真正重视自己的观点,并从不同的角度去审视。

为了促进对于互动教育的重视,重要的一点是理解慕课并弄清楚它与传统的面对面课堂有何不同。如马斯特斯(2013)所提到的,慕课的关键方面和优点之一是互动,参与和接受的目的是收集和处理教育信息。此外,马斯特斯还论述了通过互动参与教育的重要性,因为缺少互动就会导致缺少彼此相互学习而得的知识。在线学习中的积极参与是重要和必要的,互动越多,每个学生获得的价值和知识就越多。教师是慕课中的配角,但是真正的学习通过学生的彼此互动而进行。除了问题和答案之外,学生也是交换思想和所关心的问题的核心。

第三章　把学习掌控在我们的手中

对于慕课来说，好处多多。远程教育的关键特征是，它在受空间和时间约束的传统课堂背景之外发生，因此，这就使得任何人更容易参加在线课程。

有很多支持性文章赞同通过慕课进行的在线教育的积极方面，也有越来越多的研究赞同远程教育。本章讨论的两个主要方面是通过慕课进行的远程学习以及在这个特定环境下创建的多样性。

鉴于慕课向全世界任何人提供课程的事实，学生有能力互动并且参与到彼此之间，处于某个位置，按自定的进度学习。已经讨论过学生互相学习效果最好，教授的角色是促进者。因此，慕课可能是学习和增进知识最好的方法之一，因为它能够让学生起到带头的作用，而教授要做的是支持。随着我们向独立的、以兴趣为基础的教育一步步地迈进，慕课成为一个强有力的工具，因为它能够让你选择你喜欢的在线课程，避免经历一个漫长而复杂的申请过程、支付成千上万美元或者被先决条件限制。全世界应该欣然接受这样的理念，允许更多的人通过互联网获得接受教育的机会，因为它能够带来积极的方面。

远程教育

当人们考虑在线课程的时候,他们经常认为距离不是问题,但是就远程教育来说,最有可能不是这样。为了富有成效地一下子教一大群学生,为什么不运用在线课程?这样的话,学生不再担忧行程时间、路费或采用何种交通工具。无论课在哪里上,你不一定非离开家不可。你只需要一台电脑和互联网连上就行。

根据身为作家的"知识共享组织"工作人员沃尔默所说,慕课的目标之一是以高质量的教育为全世界一大群人服务(2012)。慕课缩写字母中的"M"指"大规模",这意味着大量的学生可以在同一时间报名学习一门课程(Rodriguez,2012)。在线教育能够同时接纳更多学生,与此同时又从根本上消除诸如出行的后顾之忧、由于家庭义务缺乏时间以及因为工作日程安排时间受限等矛盾。

慕课通过提供强烈的社区感来加强学习,但是如果不亲自进入教室就很容易丢失。社区在加强有意义的学习中极其重要。一项由刘、马格尤卡、邦克及李实施的研究发现,教师需要充分显示出团队意识,积极影响学生的满意度,从而达到在线学习需要的质量水平(2007)。慕课提供各种沟通及合作的方式,让该社区中的学生不必有"因为文化或种族差异的歧视而被边缘化"的忧虑而参与进来(Young & Bruce,2011)。既然慕课被认为是一个成千上万学生之间有无数互动和沟通的开放性在线环境,那么社区意识是重要的,并且是直接相关的。学生需要感受到的是被联系起来,参与到在线课程学习的过程中,而不是被隔离。

教育在如何演变

教育的面貌正在发生变化。运用互联网学习在线课程、建立这种新的社区意识的理念正在成为准则。"数字土著"和数字移民都正在发掘通过互联网技术进行开放的广泛可能性。远程教育成为学生数量日益增长的学校教育新模式,而且它有很多积极的方面。既有新技术也有与此相关的研究机构去研究网络教学的最佳做法,从而导致更多的人群得以扩大他们的知识面。然而,直到最近,在线教育才只向那些有钱在教育机构报名注册的人们开放。就获得在线教育的通路来说,并不是人人都有平等的机会。然而,参与在线课程学习的学生人数在过去的二十年里稳步上升。

研究撰稿人克罗蒂(2012)陈述:"2010年秋季,6,100,000名学生至少注册了一门在线课程。"这项研究有助于证明在线教育对于接受教育是极其有用的,而且越来越普及。显然越来越多的人正在适应它,并在利用它的无限的潜力。阿根廷大学宏观经济研究中心(UCEMA)教授罗德里格斯(2012)说,当学生觉得对自己的学习有控制权的时候,他们更倾向于学习,并更主动地学习。有了远程教育,学生可以控制自己的学习,并使学习与他们所要加强的重点和增加知识的方法相符合。也许正因为如此,它作为一种合理的教育方法,正变得越来越受欢迎。人们可以通过在线教育使自己的教育经验个性化。

这种类型的学习带来的个人应用也积极地体现在生活的其他领域。已经有人宣称它是世界上成年学习者的最佳教育方式，帮助人们在工作场所内学习和运用知识，并且扩大人们的学术网络（Pappano，2012）。谁都可以参加在线课程，帮助提升自己的事业，与此同时，安心干一份工作而不必为出行闹心。对于学生来说，工作和上学有了一个全新的意义，并且学习更易于管理，当所学所得在直接接触的工作环境中有活生生的应用时，也更加有意义。

在线课堂要求

在线教育比实体课堂更需要鼓励学生参与、合作、自主（Crotty，2012）。即使实际课堂里人们可能在任务上花更多的时间，但在线课堂要求更注重细节。有必要不断地在线检查帖子和反馈、电子邮件、在线研究等等。公平而言，远程教育对于学习如何发生、学生如何把学习掌控在自己手中提供了新的课堂感受。

绝大多数在线课程的设计在本质上要求真正的参与，虽然学生自定进度，但要求学生在继续进行学习之前注意掌握目标和概念。学生们不但在线彼此互动，而且与他们拿到的学习材料互动。教师设定目标，让学生在继续学习下一个领域之前实现它。这是一个脚手架的搭设过程，需要扎实的基础。挫折是肯定的，但是恒心和毅力是成功的关键。

学生不能是被动的。相反,要求学生通过频繁的测验、在线讨论、互动活动、阅读及作业参与到内容当中。当他们通过同侪的帮助、教师的指导,自己能够解决问题并掌握新的技能的时候,就变成了有能力的学习者(Pratt,2010)。因为许多慕课都有巨大的规模,课程在很大程度上既取决于自我导向性学习,又依赖于学生与学生之间的互动。在这种学习模式中,学生能够以自己的速度处理信息,这使他们获得更深入的理解。此外,他们能够与其他学生合作,便于分享观点,并且从不同的同侪那里获得新的见解。一位上慕课的学生说,他们在慕课环境下的学习体验就像身边有一个导师一样(Pappano,2012)。这种有导师的感觉是可以由反复观看视频短片带来的,必要时还可以放慢速度。与坐在看不清前面东西的拥挤的报告厅里,并且还要记一大堆笔记不一样的是,学习在线课程的学生具有清晰的视觉效果,并且还可以检查理解材料的测验。

往往在实体教室里,小测验和课堂讨论并不一定需要同等程度的关注和参与。在实际的课堂里,确实有这样的学生,他们回答问题是为了别的学生,就因为他们知道答案。这对于没有争取回答问题的其他学生来说是个失败。这种情况出现的原因是教师没有真正评估学生的学习能力,也没有帮助学生获得自我评估的技巧。但是在在线远程课堂里,你必须在进行下一课前理解概念。因此,每一个学生所知道和理解的东西都要被评估。这时教师可以专注于再教学,并修改需要重新访问的任何课程(Lionarakis,2012)。最重要的是,慕课通常都会有以不间断的自我评估为中心的课程设计理念。

运用远程教育,就有了允许自愿的互相沟通和传递信息的自由。它没有那种面对面的问责。从本质上讲,你必须要想着做好。罗德里格斯(2012)说:"根据学生的学习目标、原有知识和技能以及共同兴趣来参与是远程教育的内涵之所在。"传统教育的模式是教师控制了学生学什么、什么时候(以什么进度)学以及怎样学。在线教育更加接近所有的现代教育及其研究所支持的理念,即内在动机、自主性和以学生为中心是素质教育的核心。虽然这可能在一开始对于有些学生有难度,但最终结果将是更深入的学习。

在线教育的道路是一个独立的路线,着眼于学生个人而不是整个班级。此外,学生能够与志同道合、趣味相同的人一起学习,必要时还可以形成学习小组,或者他们还可以选择与兴趣多样的学生一起学习。学习小组更容易建立,因为你可以运用慕课平台内部的工具而不需要走出家门,譬如讨论板和即时消息,或者就像电子邮件、讯佳普(Skype)、脸谱(Facebook)及其他很多东西。

慕课不仅要求全力投入和努力学习,而且提供师从名校名师和接受高品质教育的机会。师从来自世界各地的顶级学术机构的教授是一种巨大的特权。例如,如果学生要亲自去一所常春藤院校就读的话,通常必须要付更高的学费,但是,有了慕课,学生就有权利去上这些院校的这些教授的课程。

正如帕帕诺所论述(2012),这种教育形式将学习与社交网络结合在一起。运用在线工具的社交网络是数字时代交际的主导形式,处于领先地位的脸谱(Facebook),拥有超过 10 亿的用户(AP,2012 年 10 月 23 日)。互联网正在使学生与世界各个角落的同侪、专家、导师的互动变成可能。

多样性

很多人有幸与来自另一个国家或文化背景的人一起上课。然而,其他人则没有这么幸运,他们既错失了那些生活在世界不同地区的人们的不同观点和意见所带来的好处,也错失了网络教育带来的其他成分。多样性是一个工具,有助于用不同的方式塑造教育。根据个人的文化和背景,一个人认为可能正确的东西却与其他人大相径庭。

慕课课程及其参加者的数量都已增加。仅仅看一下慕课提供商 Coursera,在它问世的第一年里,学生人数就从零上升到 311,000 人(Coursera,2013)。多样性就是结果:"这种大规模和大量的国际学生大大增加了课堂的多样性。"(Flicker)这就是说,在慕课中,来自于世界各地的具有不同文化背景、收入水平和地理位置的学生积极参与到教学内容中,与大家分享他们的知识、理念和观点(Friedman,2013)。这种大规模也许在一开始吓住了学生,可是一旦进入由教师提出并格式化的内容和讨论中,学生就会接触到来自同侪的各种各样的见解。

一名慕课学生评论说,他们本身就是讨论的一部分,这种讨论比与来自相近地域和具有相似收入水平的人在一起更有价值、更有趣。这个学生看到了就一个单一的主题能够听到多元观点的好处,而这是在较狭窄、较有限的学习环境中万万接触不到的(Friedman,2013)。在慕课学习环境下，学生能够成为一个学习社区的一部分，他们分享共同的目标，并因学习者的社区多样性而丰富充实。

艾伦娜·克拉普（2013）在她的文章《慕课为多元化的学生开启大门》中指出，慕课最大的好处之一是它支持学生中间的全球多样性。许多大学共享一个共同的信念，即学生之间的多样性是提供优质教育的基础。据克拉普说，美国在线教育企业 2U 是一个慕课样板，它的学生来自美国 45 个州和 39 个国家。她宣称："多样性也提升在线教育的经验。2U 的技术平台允许学生和教授有一个同步环境。"（Klapp，2013）在线环境中具有的多样性将会推动学生的讨论，增强批判性思维。学生能够从与自己的经验、信仰和观点不同的人那里学到更多的东西。

也许《纽约时报》作者沃尔默（2012）就这一点总结得最好。他说，目标就是让来自全球各地的学生接受高标准教育。有些人可能非常幸运地选择了一位知名教授的在线课程。更棒的是，有些人甚至已经非常幸运地与来自另一个国家的某个人注册了同一门课程。这种类型的学习仅仅通过重视不同的世界观就已经丰富了教育。多样性是有助于塑造教育价值的工具。基于每个人自己的文化和人生经历，一个人认为重要——甚至正确——的东西是有差异的。它将学习的"社区"真正是什么的概念拓宽了。

关联主义学习理论强调学习的社区的重要性，其中学习者通过与他人建立联系而交流信息。在这个模式中，观点的多样性导致知识和技能的发展（Kop & Hill，2008）。关联主义学习理论家把多样化的社交互动看作学习过程的重要部分并不新鲜。列夫·维果茨基对于认知发展的研究强调了社交的重要性(McLeod，2007)。维果茨基的社会建构主义理论是教育领域最有影响力的理论之一，他把学习看作是学习者融入一个知识社区的过程，在这个社区里他们与他人互动，以帮助组织并制定新的信息和概念(《社会建构主义》，未注明出版日期)。学习者的世界社区比本地化的社区创造更富有深度的可能性。

在慕课环境下，因为参加课程的人数不限，并且开放的招生政策允许任何年龄、地理位置、社会经济背景或教育背景的学生参加，所以学生有更多的多样化社会交往的机会。这不仅允许他们以较小班制所用方式完全不同的办法去处理信息，而且有机会获得更深入理解一个概念的机会。通过给予学生与各种各样的学习者交流的机会，他们就能够自己处理问题了。

维果茨基视自我对话为学习的一个重要过程，因为它允许学生把复杂的问题具体化，再来解决，以此作为自我指导和自主性的一种形式。自我对话与社交沟通有密不可分的联系。网络论坛在某些方面弥补自我对话和社交互动之间的差距，因为论坛不那么令人害怕。有些学生感觉在慕课的在线模式中分享理念和观点更加自在。他们喜欢采取更多的"个性化"的学习方式，但仍然看重别人的观点。这种做法趋向于给学生所需要的时间来处理他们所学过的东西，以便发展更深入的话题探讨。此外，学生有机会听取范围广泛的学习者的说法，以增加他们的想法。这种机会允许学生接触新理念，接受看待事情的不同方法。

伴随在线学习而来的个性化的方法对于学习英语的学生来说也颇为理想。据调查在线学习的研究员布莱克蒙(2012)称，在线讨论让第一语言不是英语的学生更加积极地参与辩论。在线的学生在贴出他们的想法和答案之前能够检查拼写和语法,"通过一个在线的、基于文本的格式进行交流,学生有机会在上传到论坛之前检查他们的词汇和句子结构;这对那些英语新手或对于措辞或句法没把握的学生来说是一个信心助推器",布莱克蒙(2012)说。当人们决定在线贴出他们的作业时,别人可以插话,不仅对于要贴出的想法而且对语言都有帮助。仍然在学习语言的学生不会感到尴尬或受到嘲讽,而是受益多多。这使远程教育成为一种协同努力。

　　慕课是一个协同工作的理想环境,既提高批判性思维又支持教学设计理论。"在线的学生通过分享个人的见解、理念及经历而合作,从而随着高阶思维的增加和个人满足感的增强而加深理解"(Young & Bruce, 2011)。诺瓦东南大学研究生院教育计算机技术助理教授玛莎·M·斯奈德写了一篇题为《教学设计理论》的论文,指导建立成年人在线学习的社区,她提出了一个支持社区意识的教学设计理论。她写道:"促进成年人在线学习的社区的教学设计理论,其要素包括目标、价值、方法及环境。这些要素支持互动的、合作的、建设性的在线学习的社区框架。"(Snyder, 2009)慕课往往就是以这样的互动性、合作性和建设性的学习活动为课程设计中心的。

分享思想

　　思想的分享会通过譬如在线讨论等在线交流活动而增强。这种形式也提供 21 世纪的学习机会,能更好地匹配当前的技术环境。帕洛夫和普拉特(2010)指出:"在从视频游戏到互联网的这一切当中,我们的青年正逐渐开始期望更加积极的求知和娱乐方式。"因此,教育需要为学生提供积极方式,让他们运用当前的有吸引力的工具来建构知识(P. 15)。在线教育有能力提供这样积极的环境,让学生在参与有吸引力的学习形式的同时,也能够与其他同学合作建构知识。

第四章　丰富的自由知识

随着全球大专院校的高等教育成本的上涨，学生们正在把目光转向其他可靠的教育资源。通过诸如 edX、Udacity 及 Coursera 等场所提供的大规模开放在线免费课程，正在填补其他地方不能应对的需求。

当人们考虑继续接受教育时，他们经常考虑学费，这是一些人是否继续接受教育的决定性因素。学生们会浏览许多大学的网址、传单和宣传册，了解每个大学会提供什么以及在该大学获得一个学位的总成本。克洛维奇(2013)指出，慕课的目标是以少收学费或几乎不收学费来招收学生参加课程，以增强对学生的支持。克洛维奇相信找到了解决问题的办法，就是让学生通过慕课来学习课程。对学生来说，学习在线课程是一个无风险的方式，不需要担心辍学、成绩对平均绩点的影响或课程的学费等压力。

学术界并不以快速接受变化见称，但是过去的几个月却刮了一场旋风。今年年初，几位著名教授脱离斯坦福大学，创建了两个营利的慕课提供平台。元月份 Udacity 诞生。两个月后 Coursera 到来。计算机科学研究教授塞巴斯蒂安·特隆的免费在线课程"人工智能导论"吸引了全世界的 160,000 名学生。他说，他联合创建 Udacity 是为了发展一个慕课模式，让学生从中通过解决问题而学习，而不是听教授告诉他们怎样来解决问题。(Mangan, 2012)

学生能够免费上大专院校的课程。完成后，一些课程将提供一个证章或证书，说明该学生已经完成要求。这些证书可以用来向雇主展示其持续学习的收获和知识的扩展。这些课程的要求可能包括测验和考试，但是在大多数课程中，大量的学习是随着与其他学生通过在线讨论和当地院校组织的研究小组合作而进行，进而发展他们的技能。随着慕课让任何有互联网连接的人触手可及，很容易看出一门课程是如何囊括成千上万的世界各地的学生的。

随着注册这些课程的学生人数持续不断地增加，免费在线课程可望提供另一种方式来降低成本，在预算被削减的情况下增加受教育的机会。

> 除了提供岗位技能证据，免费在线课程还能够为高等教育预算被削减的州提供另一种降低成本、增加教育机会的策略……七月份由贝恩咨询公司公布的一项研究推断，全美三分之一的大专院校财政无法维持。扩大在线课程是降低成本的关键。（Mangan，2012）

如果扩大在线课程是美国在降低成本方面新兴的想法之一，那么想象一下，这对全世界会产生怎样的影响，这会如何使那些没有钱花在高等教育上的人受益。难道这就是帮助世界教育成长的答案吗？这就是通常所说的慕课范例的目标："这个目标过去是，今天也是值得称赞的：为只要有互联网接入的任何人和每一个人提供免费的、世界一流的教育。"（Snyder，2012）

免费在线教育的理念正在世界各地腾空起飞。它正在变得让有学习愿望的人越来越唾手可得,触手可及。

开放课件——自由访问的、互联网服务提供商设置的、全面的大学课程材料——已经开始大受欢迎。网络出版的课程大纲、有链接打开访问的文章阅读列表、课程和讲座笔记、视频/音频讲座和同步幻灯片,连同论文作业、问题集、历届试题和全文阅读材料,正在被遍及全球的自学者、现有的学生和青年企业家使用。(Pollak,2008)

这些免费大学课程由全球顶尖大学和学院建设。有些慕课提供商使全球超过250万的学生注册他们由顶尖大学和学院的教授讲解的免费课程。由赞恩(2013)实施的研究陈述道:"也许你不太确认你想上哪个大学,但是慕课现有的丰富性允许你抽样体验一些国家最杰出院校的师资力量和课程设置。你省掉了花时间申请大学,花钱付学费,而且还肯定会喜欢你要学的课程,这岂不是很令人高兴的事情?"学费并非一个因素,人们更倾向于注册在线课程,拓展他们的知识,因为他们不会失去什么,反而会大有收获。

加利福尼亚大学伯克利分校去年十月份推出了自己的YouTube页面,在线免费投放完整的讲座课程。莱斯大学(德克萨斯,休斯顿)的"联通项目"(Connexions programme)也如出一辙,探索动态的同行评议学术成就新模式,同时开发由社区学者生成的高品质的开放式教育资源。这些全球领先的大学一直在使他们的现有产品在世界范围内在线普遍使用，还提供了一个橱窗，呈现他们的教学实践，为校内外的大学生展示更加灵活的学习经验以及大学精神面貌的新层面。(Pollak, 2008)

如果免费教育的可供量可以增加，这是否会伤害经济财政？教育领域的人要有知识才能够呆得住，就业市场可能会随着该领域"受过教育的人"的爆炸而增长。此外，由于以前的教育经费所限而不可能出现的新的就业机会可能会出现。在这些免费在线课程的基础上，可以创造新的就业机会。技能越多，雇员就越能更好地履行自己的职责。

免费教育机会可能会引导雇主去发现更多合格的工人。通过提供这些免费课程，最终我们可以看到失业和半失业人口在减少，而知识和优质免费教育在增加，使得他们具有找到更好的工作的潜力。我们也可以看到那些由于高等教育学费昂贵而缺乏动力的人们的改进。如果人们"选择"去上学，他们的积极性就会成倍增加。如果他们能够免费上学，他们就能够花更多的时间学习并完成课程，而不用靠同时打几份工来支付一个学分。

免费的高等教育对于经济可能产生的好处是，那些包括数量大得多的、在大学注册的 16—24 岁的青年在内的人们，会轮流产生更多的创新人才，加入劳动力资源。从中小学公共部门的科学、技术、工程、数学（STEM）的教育活动中，我们看到了从 2007 年开始出现的势头。有人明确指出，为了使我们的国家继续在全球经济中具有竞争力，有必要对青壮年在科学、技术、工程和数学等领域进行继续教育。此外，如果在这个年龄段中有一个更大的转变,即重返大学并完成他们的学位,这将提供近200万个工作岗位,为失业人员开放(Samuels,2011)。任何降低失业率的事情对国家的经济状况都会产生直接的影响。

让我们从经济的视角来看看我们国家的公共教育。"目前,在开始上专科院校或大学的美国人中,只有30%最终毕业,这意味着时间和金钱的巨大浪费。"(Samuels,2011)试图在四年内毕业的大学生要么面对着将来必须偿还的债务,要么至少做些兼职工作来尽力照顾学业。这往往导致在第五年或第六年才完成学位,与此同时又累积了更多的债务:

> ……开放度其实可以给"那个学位"新的信誉度,同时扩大在高等教育中的参与。学位不仅仅是可以买来的、为此而下苦功的、然后在劳动力市场凭此被雇佣的一纸证书,相反,它将成为一个更加一致的措施,能够衡量一个人的知识和学习能力,无论这个人来自哪里,无论这个人年龄有多大。(Pollak,2008)

如默里(2012)所言,自由/开源软件(FLOSS)被用来帮助支援世界各地教育的缺乏,抵销用于接受优质教育的成本。有了慕课,根据学生结业证书的情况,他们能够在几乎没有成本的情况下接受由高成本学校的教育家设计的课程。在某些情况下,为认证证书付钱可能是必需的。不过这些想法仍然在制定中,而且还在辩论是否对学生获得认可的结业证书收费。与慕课一样,默里(2012)说:"最早的类似于自由/开源软件的研发之一是由麻省理工学院2002年试点的,其目的是把所有课程的教育材料放在网上,对任何地方的任何人自由公开。"这是一个巨大的好处,因为收入水平更低或中等的一些国家经常很难有资金投入教育,这些正是有最大需求的地方。为了解决这个问题,提供免费开放的教育获取模式是有极大好处的。关于什么协助慕课推进向所有用户免费开放的进程,鲁思(2012)说:"在线课程减少劳动力,降低管理成本,因此,降低了学费。通过提供在线课程,许多其他方面的成本开支可以减少,对教师工资和在线课程开发的投入就能加大。"

慕课对于所有参加者都是免费的。通常这些学生获得证书,但并不取得大学学分。然而,一些慕课正在把学分纳入学位制。教育的目标是赋予学生更多的知识,进而引向更多的机会。通过慕课获得的在线教育能够为求得工作和在工作领域取得成功提供很多技能。这种教育形式能够成为世界上最大的均衡器。拉平竞争环境的一种方法就是向世界各地的任何人提供来自高水平教师的免费教育,只要他愿意并能够参与这个过程。

慕课给予用户的目标和好处之一是课程全免费。随着高等教育成本的增长,高学历的人越来越少的事实越发凸显。如果一个人上不起学,那么这个选择将不复存在。人们不再按照能力来评判,而是根据其经济状况来衡量。如果有更多的免费在线课程和学位,那么,愿意为获得更高水平的教育而投入时间和精力的人们就会拥有目前不能拥有的机会。

随着大学学费在过去三十年里的迅速上涨,今天的学生正在抵达一个临界点:是否还能上得起大学。如果每个即将毕业的大四学生被告知只有拿到更高的学历才能找到工作的话,那么,这些潜在的学生对上不起学又怎么能够承受得起呢？然而，在拿到那个十分重要的学位后，2011年有将近54%的毕业生没有就业或就业不足（Yen，2012）。提供相对自由的教育也许就会听起来比较诱人。2012年，众议员汤姆·霍金在一封电子邮件声明中展示了一个曲线图，表明大学学杂费在过去的35年里确实增长了1,120%（Jamrisko & Kolet，2012）。

在2011年，85%的大学生是全日制学生。据美国劳工统计局报道，53.5%的男性和50%的女性是劳动力的构成者，另有10.7%的大学生被列入失业类之下（BLS，2011）。基于这些数字，今天的许多高中毕业生们深知他们必须吃苦奋斗，直至上了大学，除非他们愿意在有生之年欠一屁股债。说到择校、学费和杂费，这肯定是一个决定性因素。

慕课能否推动高等院校的成本降低，或教育机构是否将进一步增加学费用以抵偿学生们正在免费学习的课程，这些仍不得而知。当大学指望以免费的慕课来吸引学生的时候，必须要认识清楚总体形势，即为什么这些课堂人满为患。学生再也负担不起那种哪怕是能给一份体面薪酬的工作所必需的教育。他们最终工作过度，因为挣扎养活自己而精疲力尽。等到要做出接受教育还是靠工作维持生计的选择时，大多数不得不选择后者。

根据慕课模式目前的运行状况来看，该系统的货币化可能会通过受理结业证书的能力来实现，这些证书包括一系列课程，涵盖一系列技能或正在学习的基础知识。对于那些刚毕业并且被工作累得苦不堪言、不能充分运用所学技能与知识的大学生来说，这个继续接受教育，而且是免费的机会，可能会给他们提供方向正确的那一步，走过去并获得正在"猎头"

的雇主的青睐。慕课初创公司 Coursera 已经为雇主提供付费了解学生的资料和分数的方便(Young,2012)。许多公司是否会在这个想法上面投资并研究将来雇用仅仅拿技能认证的员工,这还有待观察。

2001 年,宾纳和埃杰顿两人发表了一项研究,表明较高的教育水平促使男性和女性更加健康。重要的是要记住这两个方面有一定的相互因果关系(Bynner & Egerton,2001)。准确地说,如果你有一个较好的经济背景,那么你更可能健康,并且比一个经济地位较差的人更有金钱和影响力去上大学。慕课赋予任何人接受免费优质教育的能力,它能够给那些期待创造更好机会和生活的人们带来好处。

第五章　解开炒作的纠结

随着学费的攀升,慕课变得如此受欢迎就不足为奇。在大多数人来看,慕课正是高等教育越来越多的问题答案之所在。这是一个变革的象征,为了消除不断增长的对于高等教育价值的疑虑,这个变革非常必要。慕课使获得"世界一流的教育"变成可能,而这种机会曾经只有那些获准进入常春藤盟校并且有钱支付学费的精英才能获得(Snyder,2012)。慕课可能是在常春藤联盟开始的,但是,现在大多数慕课由其他大学甚至社区学院创建。无论知识来自哪里,慕课为任何怀有求知欲以及与互联网连接的人免费提供这些知识。虽然慕课为大众提供这些知识,但这并不能保证学习。很多人对于在线学习的有效性持有争议,因此还需要进一步对此研究,以了解从在线模式中会得到什么样的教育质量。

格式化教学

众多慕课的一般模式都是短视频讲座,之后有嵌入的测验检查理解。与平常的大学讲座相比,这个模式几无二致。这些视频讲座仍然是"单向的、被动的教学模式",只是用来复制一种已经存在的做法而已(Meyer,2010)。分散的小测验的一个优点是学生在继续进行下面的学习之前可以评估自己的理解情况，但是如果在报告厅里，这不是个办法。虽然面对面的课堂和一些慕课的模式互相近似，但是慕课可以避免在面对面环境中可能产生的教学分化。美国教育部发现，"视频或在线测验等要素似乎并没有影响学生学习的在线课程的数量"（Means et al，2012）。虽然学生可以按自己的进度看视频，甚至可以倒回去复习不理解的东西，但是学生也有加快进度、浏览或甚至跳过视频的自由，而这样可能导致漏掉重要信息。虽然测验分散在整个讲座之中，以监控学生的理解，但是没有对于不正确答案的惩罚。学生可以猜测、检查并继续进行，但是不能真正掌握重要的信息。

有些人相信，互联网会对教育做出它对于新闻业和平面媒体已经做过的事情。加利福尼亚大学哲学教授帕梅拉·海罗尼米（2012）认为，进行这个比较时应该谨慎，因为"教育不是信息或思想的传播……而是利用信息和思想所需的训练"。在这个信息过载的世界上，有效并高效地处理成堆的信息所需的技能变得越来越重要，而不是无关紧要。计算机和互联网是惊人的技术，但是无法与一个教师亲自了解学生所给予的那种洞察力相提并论。与同侪一起观看系列的播客、参与在线论坛讨论等等，完全不同于教师直观地质疑、鼓励、挑战一个学生应对新概念，以致达到更清晰的理解。在线教育模式的复杂性根本无法比拟"一个思想与另一个思想的实时融合：倾听、理解、纠正、仿效、暗示、敦促、否定、肯定和批判思想及对此的表达"（Hieronymi，2012）。以在线学习为形式、作为辅助工具而使用的技术能够提高教育质量，但是在设计在线课程时，如果对实施以研究为基础的最佳实践不格外谨慎，其结果可能是学术水平的降低和对大规模开放的深刻理解的严重缺乏。

学习指南

重要的一点是不要忘记学习是一个过程,需要一个知识渊博的向导来帮助组织信息、发现联系和加强不同领域之间的理解,使整体更加完整。在线教育采取的一条路线是让人们不得不合作建构知识和理解。他们没有向导来指引,相反,不得不计划、组织、解决问题、找到工具来帮助自己。在线学习是一个独立的过程,需要"动机、主动性和信心"才能成功(Kop, 2011)。虽然也有一些独特的个体能够自学,但是,如果一个学习者没有这些技能,那么,在此环境下的学习就会比较艰难。

既然慕课的大规模达到班级人数数以千计,那么,学习指南在很大程度上就依赖于同侪。同侪学习有其优势,正如基尔申纳(2012)所说,"同侪学习只能帮你做这么多:在某种程度上,某人要了解该课程的某些东西"。教授们通常只是在视频中出现,所以学习慕课的学生往往被撇下,很少或几乎没有什么指导来帮助他们解决重要的问题。慕课辍学率往往接近90%。造成这个结果的一个因素是信息进展太快,远远超过了一般学生的理解力(Thrun, 2012)。在面对面的课堂里,学生会有教授及时帮助澄清问题的机会,但是在慕课中,这些问题往往可能被丢失,或者解答不正确。因此,疑惑经常被忽视。

同侪评分者的有效性

既然慕课课堂拥有数千名潜在的学生,那么就有大量的评分必须完成。毫无疑问,用电脑评阅考试的多选题或对错题非常好。但是,当评价学生的书面作文或简答题的时候,问题就出来了。慕课运动试图解决这个问题的办法之一是利用同侪评分或众包评分。这种做法就是每一篇作文或简短的回答由不同的学生"评分",然后给出平均成绩。这种做法并不新颖,而且就此办法已经进行过研究,但结果五花八门。由哈佛—史密森天体物理学中心科学教育部的菲利普·萨德勒和资深中学教师埃迪·古德(2006)实施的一项研究表明,即使是才七年级的学生也能够具有一个同教师类似的概念,这是同侪互评奏效的关键技能。他们的研究推断,同侪评分所给成绩与教师的评分相似,并建议要负责任地使用此办法。他们告诫,"如果执行不力,成绩就不可靠,学生可能从此过程中学不到任何有价值的东西"(Sadler & Good, 2006)。华盛顿大学的两位生物学教授实施的另一项研究发现,学生在评分时更慷慨,有25%的学生的成绩高于教师的评判。尽管如此,作者以及在此领域的许多人都支持同侪评分,完全是因为这种办法在提高学生的学习中所起的作用(Morrison, 2012)。学生将会从审阅他们的同龄人的作业并领会他们是如何写作和思考的过程中受益,这一点是毋容置疑的。给予学生参与这种评审过程的机会不仅为教师节省了时间,而且帮助学生认识到自己的优点和缺点(Watters, 2012)。

然而，如萨德勒和古德在研究中所述，执行和监测一个三十人班级的同侪评分体系是一回事，通过互联网在一个一千人或者成千上万人的班级做同样的评价则是另一回事。俄克拉荷马大学文学与神话教授劳拉·吉布斯讲述了她对于同伴互评的体会。她通过 Coursera 讲授幻想和科幻的课程，她指出，在一个超过 5,000 人的班级，反馈的差异是很大的范围，从"非常积极"或者反馈本身比论文还长，到仅仅一个简单的"很好"，再到根本没有认真参与到过程中去（Watters，2012）。在一个具有这种规模和全球影响力的班级，避免不了让几乎没经验的学生给其他学生作出反馈。如果课程不支持加强这种技能，他们的反馈将会与他们同学的学习体验一起遭受影响。另一个障碍是，在一个这种规模和影响力的班级，必然有其第一语言不是英语的学生，他们也许根本就不会讲英语。如何考虑这些学生在同侪评估体系中的同侪评价？

实施同侪评分产生的另一个顾虑是缺乏就反馈做出反馈的能力。作为保护学生隐私的一个手段，无人知道谁批阅了谁的作业，也不知道谁在给谁评分。接受反馈的好处之一是，如果有必要的话可以要求澄清问题，然后就反馈展开讨论。想象一下，如果一位教师给了你一个等级，而且有一大堆建议或批评，但是你没法问教师某个评价或建议是什么意思。知道是谁给予的反馈也不赖，这样可以根据笔者及其他或她独有的优点和缺点，衡量反馈的价值。这种匿名评价也给那些希望通过留下不恰当的、适得其反的意见来颠覆课堂的学生提供了庇护，因为不可能产生什么反响（Watters，2012）。

在学生彼此认识的小班里运用同侪评分，有一种社区意识和一种建立个人的、建设性的反馈环境的能力。与试图为全球范围内成千上万的、具有不同技能和学科知识的陌生人做评分相比,这是不同的。有人可能会问,是否甚至有可能在这种环境里建立一个同龄人社区?到时候参与论坛并非是绝对必须的,许多学生几乎不访问,即使访问量也很少。如果学生是同侪的事实仅仅建立在同班的基础上,但很少培养社区感和互惠感,那么同侪反馈真的管用吗?围绕这一做法,帕梅拉·海罗尼米总结了这个问题,并指出:

> 在注意到我们不能给计算机编程,没法搞清楚一个本科生在想什么的时候,似乎精英教育家们决定假装——如果我们只是让那些寻求教育机会的人们自己去谈谈(用语法恰当的句子)——他们将会以某种方式在有说服力的争论中来表达复杂的想法,并对社会、政治、文化达到一致的、重要的见解。(2012)

这似乎不是评估数以千计的学生的有效解决方案。

慕课学生的意图和准备就绪水平

慕课的另一个重要方面是讨论,学生在慕课中谈论本周的信息。除了视频讲座和测验外,慕课学生在在线讨论中可以讨论开放性问题,这对学生来说是一种加工所学知识和与其他学生合作的建设性方式。许多研究发现,到场,即人们所认为的"真实的",导致"在线课程学习者的满意度增强,学习的层次更深"(Pallof & Pratt,2007,P.12)。随着同步交流,或者内置在课程中的聊天室,学生能够获得更强的临场感,因为他们可以与小组实时分享并阅读别人的想法。然而,在正常班额的教室里,这些聊天室会变得嘈杂和随意,并且如果是慕课,这些讨论完全会成为一片混乱。既然慕课是如此之大,对讨论的监督必定是有限的。慕课的开放性也使得它"对不恰当的行为显得很脆弱",特别是自从有金融风险以来(Educause,2011)。

慕课参加者的准备水平也应该予以考虑。对于进入慕课的各类学生来说,有许多变量,包括他们的教育背景和加入课程的动机。既然慕课对参加者没有任何要求而向大众开放,那么,大范围的人,而且是具有不同准备水平的人,就可以参加课程。即使是在传统的课堂背景下,准备水平也是各种各样的,但是与慕课相比,那个范围要窄得多,因为许多大学的课程是有先决条件的。此外,因为大学课程必须付费,所以课堂里的大多数学生都是投入于学习教材上的。

追求质量

对于学生从慕课获得的教育质量,有很多问题需要回答。如果慕课模式能够为多达数十万人班级规模的学习课程的学生提供世界一流的教育,如果这种教育能够与从传统的课堂背景下获得的教育相媲美,那么,对于慕课未来的分析就需要确定。当课程达到如此大的规模的时候,就有许多重要问题需要考虑,比如,教育者是否真正发挥应有的作用。在有这么多变数的情况下,是否真正有一个方法来合理准确地评价学生的学习所获?传播知识是一回事,获得知识需要的不仅仅是被动的行为。它是一个旅程,需要知识渊博的向导的帮助或指导,也需要一个全面参与其过程的学习者。

第六章　攀登学术诚信的阶梯

慕课的优势之一是每个班级都提供了大量的学生。对学生来说,这也增加了他们注册想上课程的机会。一门慕课课程可以容纳 160,000 名来自世界各地的学生。然而,如果学生找到剽窃、分担作业和作弊的轻松办法,这种优势就会变成劣势。美国赫尔基摩社区学院的斯文·特伦霍姆(2007)在他的评论《在完全异步的在线课程中作弊》中写道:"一个完全在线并取消监考的课程,它的学术诚信到底有几何,对此问题的看法引起极大的兴趣和关注。"在这种课程中,虽然不提供学分,但是学生们在寻找创造性的欺骗方法,使他们以较少的努力完成课程,并且是以一种很难检测到的方式完成,因为"验明一个报名参加了一门慕课的学生与一个完成学业并考过试的学生就是同一个人,在目前,这是一个令人畏惧的障碍"(Snyder,2012)。毫无疑问,慕课开发者们正在为防止作弊和剽窃而深感头痛。康奈尔大学国际关系学院副院长格伦·C·阿特舒勒和康乃尔大学校长大卫·J·斯科顿(2013)说:"教授们已经找到了促进学生之间的讨论和合作学习的方法,然而我们还没有搞清楚如何去监控考试,以防止作弊或剽窃。"

大规模能导致作弊和剽窃吗？

为数众多的学生报名参加这样的课程，这就使交换答案、同学间共享作业变得更加容易。有了这么多的学生，作弊的动机就上升，被抓住的几率却下降。加州大学伯克利分校运作慕课的大卫·帕特森教授说："我们发现，一门课程中 20 人的小组提交的家庭作业是相同的。"（Webley，2012）慕课的绝大多数测验和考试是多选题，这就使共享更加容易，与此同时还没办法证明作弊或剽窃。在大多数情况下，教师是不会给这样的学生学分的；然而，这项工作却通过软件或同侪评分体系来做。作弊在慕课中蔓延的另一个原因是易于创建多个账户，因为"这可能只花五分钟，假如你花两分钟来设计一个时尚的用户名的话"（Pappano，2012）。为了重新参加考试，学生可以不费吹灰之力地创建多个账户。他们用假账户考试，目的是为用真账户再次参加相同的考试做准备。

诚信守则及验证学生身份

用来查检学生作业的剽窃证据的网站和软件已经存在。在 Coursera 任教的多名教授多次投诉学生作弊和剽窃作业之后，Coursera"……制定了一个诚信守则：学生提交课程作业的时候，他们必须检查一个对话框，表明'按照诚信守则，我保证我的解答是我自己所做，而且我已经适当地声明作业中引用的所有外来资料（如果有的话）'"（Webley，2012）。

最近，慕课提供商 Coursera 公布了一种办法，让学生验证他们的身份，以便将来获得更有意义的证书或者甚至大学学分。这样一个与 Coursera 的"签名追踪体系"类似的身份验证程序是很有必要的，用以帮助遏制多发的、已经严重困扰慕课运动的作弊和剽窃。在这个"签名追踪体系"选项下，要求学生创建一个文件，包含验证过的带照片的身份证、照片和摄像头。接着要求学生输入一个短语，为每个学生的个人打字模式创建一个文件。学生每次登录做课程作业的时候，必须重新输入这个短语来访问课程并提交作业（Fain，2013）。虽然这种办法显示出一定的潜力，但是人们能够很容易地看出从哪里可以不费吹灰之力地规避。一个学生可能潜在地验证身份，登陆课程，然后让别人坐在他旁边，帮助完成任何作业。

再看另外一个办法，慕课提供商 edX 已经决定提供有监考的考试，以此验证学生身份，以保证参加考试的人就是他说他是的那个人。他们已经联手 Pearson（培生）测试中心，以极少的费用来向学生提供这种服务。目前，所有通过 edX 完成一门课程的学生都会收到一个"熟练证书"，表示完成了学业。但是，选择监考的考试的学生将获得一个证书，表明参加过这样的考试，这个证书虽然还不能让学生获得大学学分，但是不失为一个认证学生学业和使慕课运动合法化的有用工具。Udacity 首席营运官大卫·斯塔文思宣称，在亲自参加考试的人和能够追踪学生全程参与课程的软件之间，应该为慕课运动的真实能力提出一个"令人信服的理由"（Kolowich，2012）。

最近，美国教育委员会同意评审 Coursera 和其他几个慕课课程，为是否该给这些课程的完成授予学分提出建议。该试点项目对 Coursera 的测试有许多要求，包括"身份验证"，这意味着 Coursera 和其他慕课对其考试方式不得不做出改变。这些改变包括设置监考的考试，这会证明学生是他们说他们是的那个人。Coursera 已经与一个在线监考公司合作，"使用网络摄像头和软件来遥控考生"（Young，2012）。该项目要求学生在考试的一个特别预定时间向摄像头举起他们的身份证，公司的一名工作人员会检查并验证身份。学生考试时，工作人员也会监控学生，看他们是否在互联网上找答案。但是这个办法也出现许多问题。举一个例子，考试之前出示身份证并不一定意味着教室里没有别人帮助他们答题。杜克大学生物学家、慕课讲师穆罕默德·诺尔表达了他对监考的考试方案的关切，他说："验证的程序并不表示提交的课程作业是独立完成的。学生打字的时候，任何数量的人都有可能与该学生坐在一起。"（Anderson，2013）该方案的目的是通过监控学生考试时在电脑上进行的活动来检查是否作弊，但是这并不意味着学生不可以在互联网上查找资料，很多学生都有可以使用的智能手机或平板电脑，而这些东西在考试过程中是不露面的。远程监考公司 ProctorU 副总裁贾雷德·摩根宣称，每个监考人一次足以监控 4—6 名学生（Michels，2013），但是倘若学生可能以各种方式去规避该系统，情况将难以想象。

需要记住的一点是，因为试点项目而正在评审的慕课课程有更小的班级规模，而且只有少数的课程在被审查。如果慕课在不久的将来转向使用监考的考试，那么，有许多事情需要考虑。当一门慕课的规模是

100,000人的时候会是什么情况？仅注册Coursera的学生就有两百万，这对于考试的监考来说显然是一个大数目（ACE，2012）。此外，随着学生人数的增加，该方案可能会变得不那么有效，且需要很大的工作量。在一个40,000名学生的慕课中，如果平均百分之十的学生完成全部学业要求，希望参加考试来得到结业证书，假如是在给定的同一时间考试，这得需要超过650名（按一人监6名学生计算）监考人员来给考试的4000名学生监考。即便是分布到整整一周的时间，也需要相当大的人力来监考，并需要支付相应费用。鉴于慕课的特点是要有大的规模，这似乎不是一个考试监控的可持续发展模式。这种监控模式对于小班额来说似乎很有前景，然而，对于一个像慕课运动一直在生产的大规模课程来说，有太多的漏洞了。

当然，对于考试监考来说，最明显的障碍是潜在的花费。目前，每次考试每个学生的付费在20至30美元之间。对于我们这些每周花这个钱去喝咖啡的人来说，这听起来没多少钱。然而，对世界各地的很多学生来说，30美元可能是一个月的收入。除了这个成本以外，还有另外的潜在费用和障碍，可能阻止很多学生参加有监考的考试。如果一个学生尚无摄像头和麦克风，他在考试之前必须要买一个，以便使监考人与学生在整个考试期间保持不断的联系。此外，在学生登录允许远程访问他们的计算机和屏幕的监考系统之前，还有一系列学生必须满足的其他的技术要求。凯特·弗拉特利，美国哈伯学院学生会学术事务副会长，最近因为很多在线课程业务与一家在线监考公司合作，他强烈反对这种考试方法，宣称"这不仅给学生施加不必要的财政压力，而且严重侵犯学生的隐私权利"

(Levina，2011)。由于不知道考试之后监考人是否仍然可以访问学生的计算机，还有，不知道监考人在学生进行考试的时候还能看到什么，因此，关于允许访问个人计算机的担忧也随之出现。学生是否需要启动密码来保护他们所有的文件？

特洛伊大学搞了个试点项目，用远程监考公司 ProctorU 来监控它的商务班级的三组共 65 名学生完成一次考试。虽然 65 名学生最终确实完成了考试，并且特洛伊大学认为试点是成功的，但是，出现的许多问题使人很难想象将此办法运用于人数达几千人的班级会怎么样。其中的一些问题包括：学生错过他们预定的时间段，失去考试联系，缺失的或无功能的设备，无法可靠地验证身份，低速带宽造成断线及内存不足；一些学生在决定使用不是他们平常上课时用的计算机考试时遇到了问题；还有，运作考试的软件没有安装在新的计算机上等等，不一而足。也许最令人不安的是一些学生考试时甚至没有使用摄像头，因为他们根本就不知道怎么用。监考人仅仅使用了远程监控软件，观察了这些学生的考试，但是他们的考试被认为是成功的(Troy University，2012)。这怎么可能呢？原来用于监控的一个关键设备，即摄像头，根本就没有功能。

假如对于 Coursera 和其他慕课的认可还有待考虑，那么他们必须使这些鉴定人对于学生来说具有强制性。对于慕课来说，这可能意味着怎样运行及如何被看待的重大变化。既然有监考的考试必须要在特定时间甚至在特定的地点进行，那么慕课的便利性将大大减弱。学生必须在指定的时间坐在计算机前面或到达测试位置，这就意味着失去了慕课所提供的好处，诸如解决繁忙的日程安排以及在家里的方便等等。此外，由于附加考试和认证的费用,免费并向人人开放的慕课精神将会严重受到阻碍。

让我们诚实

虽然慕课是免费的,并且一般不能获得学分,除非遇到学生为学分支付费用的特殊情况,但是慕课中大量的作弊和剽窃日益严重,已经成为令人顾虑的因素,尤其是在深入地检查学生接受的教育质量的时候。学生可能会有接触到高质量的知识的便利,但是如果他们要获得这些知识,他们必须积极参与,处理信息和概念。加州大学伯克利分校的大卫·帕特森把慕课环境形容为"一个作弊丰富的环境"(Wukman,2012)。

很多促使学生作弊的因素可能出现,尽管有些是他们无法控制的,可是虽然作业完成并交上了,学生已经掌握的——如果掌握了什么的话——却只是对于概念的表层的了解。这是因为几乎没有进行完成作业必须要进行的思考。许多大学课程的重要组成部分是学生论文,慕课在这一点上也不例外,除了如何评分的方法有所不同。许多慕课课程由同侪评分,这对于一些学生来说不是那么令人可怕,因为评分者不是他们的教授,所以他们也可能觉得同侪不可能很容易发觉或花时间去检查剽窃。剽窃是慕课的一个主要问题,导致一些教授向他们的成千上万的学生发出禁止剽窃的恳求(Anders,2012)。既然慕课有如此庞大的学生人数,而且需要同侪评分来为数千名学生提供反馈,那么这些课程的同侪评分者就带有"不同寻常的负担",必须"筛查他们的同伴在功课中作弊的证据"(Anders,2012)。在许多已经被确认剽窃的案例中,许多使用了包括剪切和粘贴的拼凑剽窃。

除了剽窃,另一种作弊形式是除了使用真实账户之外,还用"人头账户"。学生使用人头账户的目的是最终掌握多项选择题,然后得到他们知道是正确的答案,以此获得完满或近乎完满的分数(Anders,2012)。这种作弊不能增强学生的学习。多项选择题是准备用来检查学生的学习的,学生应该就此作为一种工具,测量他们距离掌握课程的内容有多远,并确认有待提高的地方。

虽然学生仍在讨论板上辩论剽窃和作弊在免费、无学分的课程中是否有影响,但是,如果慕课将被授予更正式的文凭,这个问题是需要得到解决的。

第七章　这个金星值得吗？

慕课能够提高大学毕业率吗？慕课才刚刚发展，然而，很多大专院校都在抢着采用慕课，以此作为他们远程教育方案的一部分（Lewin，2013）。对于那些希望与来自世界各地的学生一起学习一门感兴趣的课程的学生来说，慕课是有益的，但是在大多数情况下，学生没有得到慕课大学学分。此外，慕课的通过率差，虽然这可能是由于对注册条件没有要求而造成，再加上学生没有财政承诺（Lewin，2013）。斯坦福大学统计学教授苏珊·霍姆斯声称：“我认为不可能在线得到斯坦福的教育，正如我认为 Facebook（脸谱）不可能给你社交生活。"（PBS，2013）使用过诸如 Facebook 等社交网站的人都会认同，社交网络不可能取代人际互动和社交活动。慕课会取代面对面的教育或传统的在线教育吗？

Udacity 和 Coursera 大学学分评估

美国教育委员会大学学分推荐服务处（ACE Credit）将评估由 Coursera 和 Udacity 提供的课程的潜在学分（American Council on Education，2013）。Udacity 和 Coursera 都是私营慕课提供商，提供的慕课课程源自若干所大学（American Council on Education，2012）。Udacity 由塞巴斯蒂安·特隆（前斯坦福大学教授）、大卫·斯塔文思和迈克·索科尔斯基创建。Coursera 由达芙妮·科勒和安德鲁·恩格(来自斯坦福大学)创建。美国教育委员会大学学分推荐服务处的目标是判定免费的慕课在线课程是否提供与传统大学课程计划类似的课程。如果是这样,这些课程应该有资格获得大学学分。Coursera 已经聘用团队,评估学生在完成一门 Coursera 的课程后究竟收获几何。Coursera 的创始人们相信,理想的结果应该是:免费学习 Coursera 的课程并想取得学分的学生去参加一个有监考的考试,这样他们的身份就能得到验证。如果教师认为该课程应该授予学分,学生就可以付钱拿到成绩单,并提交给他们所选择的大学。美国教育委员会大学学分推荐服务处正在评估初等代数、初等统计学和计算机科学(American Council on Education, 2012)。我们应该考虑,慕课是否会提高学位完成率或增强学习能力。

慕课及学分

目前,还未要求大学承认慕课学分。当前,在全美范围内,超过 2,000 所学校承认大学学分,主要用于由雇主或军队提供的培训班。乔治亚州立大学和科罗拉多州立大学公开宣布,他们愿意认可圆满完成的具体的慕课的转学分(Lewin, 2013)。

华盛顿大学是美国第一所提供慕课课程学分的大学。华盛顿大学正在开发应用数学(科学计算)、计算机科学(主要侧重于编程)以及计算金融序列课程(University of Washington, 2012)。这些课程将是免费的。

然而,如果学生希望学习这些课程并拿到学分,可以付费选择注册增强的教师指导版,帮助学生拿到大学学分(Long,2013)。要拿学分的班里学生也会与教师直接在线沟通。在免费的慕课中,学生不能与教师直接沟通。但是,十大最常问的问题直接由教师处理,剩余的问题可能由助教或同侪来解答。拿学分的班里学生要参加有监考的考试。想上学分课程的学生也必须符合教育推广部门的要求。华盛顿大学教育推广部的目标是选拔能够在慕课课程中取胜的学生。在撰写这本著作的时候,华盛顿大学的网站上还没有关于慕课学生入学条件的信息。

大学学分慕课的定价将会与华盛顿大学学分课程相似。对于证书课程的定价则各不相同,但通常是一个系列的三门课程收费在 2,000—3,000美元之间(Long,2013)。华盛顿大学在线开设几个硕士学位和研究生证书课程,但是华盛顿大学不授予任何在线的本科学位(University of Washington,2012)。

最初很少有提供初级或入门课程的慕课课程,而这些课程对于低收入的学生或没有准备好大学阶段学习的学生来说是必需的(Altschuler,2013)。最近,圣何塞州立大学与 Udacity 联合提供慕课课程。圣何塞州立大学将会对挑选 Udacity 课程版本的学生奖励学分(Young,2013)。该试点项目对于 300 名来自圣何塞社区大学及高中的学生开放,希望能提升他们的大学预备能力。将要开设的一些课程有初级代数、大学代数和统计学,并且这些课程的收费是 150 美元,这是传统课堂学费的 1/10(Young,2013)。就算课程是低成本,这是真正的慕课吗?如果慕课学分只提供给那些付费的人,这是真正的开放吗?如果大学开始为慕课课程收费,那就不能称其为慕课。为慕课收取费用原本不存在于慕课理念的精神之中。

初级及入门慕课

加利福尼亚州立大学系统有超过一半的学生参加辅导班,而且这些课程向学生收取费用(以及财政援助),但是这些课程不列入毕业的要求范围之内。慕课或许可以帮助解决这个问题。以其目前的固有形式来看,即将完成慕课课程的学生都是有上进心的学习者,并且已经持有更高的学位。当很多大学正在跃跃欲试追赶慕课的潮流的时候,目前尚不清楚慕课将如何以及是否对于初学者或学困生有作用。如果学费降低,慕课是否会拓宽获得高质量的教育的途径? 目前,这些问题都没有直接的回答,特隆也承认慕课是"一个实验"(Young,2013)。尽管研究是必要的,但是应该考虑在哪里以及对于谁做这个研究。在这一点上,注册慕课的大约90%的学生完不成课程。即使是因为注册课程很容易,但是这么高的辍学率对于正式课程是不合适的。如果绝大多数大学接受慕课学分,这可能会显著地改变或改造财政援助结构(Laitinen,2012)。

另外又有数十个公立大学计划向世界上的任何人开设免费的在线学位入门课程,希望通过的学生付学费来完成学位课程。包括亚利桑那州立大学、辛辛那提大学和阿肯色大学系统在内的一些大学将会做出选择,将一些现有的在线课程转换为开放的在线课程,或者新项目中的慕课,名为 MOOC2Degree(The Princeton Review,2013)。

为学分付费

一个公司如何将提供免费的在线教育作为可持续发展的经济来经营?也许,令慕课变得在经济上可持续的一个办法是向公众免费提供慕课,但是对于那些希望用它来代替传统大学课程的人来说,是要有花费的。慕课提供商将能够免费提供一个完整的大学学位,这或许是必然会发生的。它最可能通过未来雇主或网络广告来融资。未来的教育界会不会看起来像一个社交网络站点呢?

第八章 总结慕课

慕课显示出希望，也提出了挑战。它可以无需任何费用给世界上任何地方拥有互联网连接的任何人带来大学水平的在线课程，包括"常春藤联盟"院校的课程。慕课能够帮助人们推进职业发展，扩大个人和学术网络，并且通过在线教育以及向来自世界各地的多样化的学生群体提供免费在线教育，展示教育创新、交互学习和积极的学习环境。慕课面对的挑战包括大班额问题、参差不齐的大学准备水平、学术诚信以及慕课课程是否将普遍获得大学学分。

慕课是今天的大学教育现状的答案吗？随着慕课的继续完善，它可能就是改变我们耳熟能详的高等教育的颠覆性创新。慕课的普及浪潮的发生恰逢大学学费在过去的 30 年里增加 600% 之节点，而工资却停滞不前。《纽约时报》教育作家塔马·卢因写道："低层学院已经面临过高学费的阻力，可能很难让学生相信他们的课程价有所值。"(Lewin, 2012)

在线教育是一种有效的学习方式，但是谁也不能保证学生会通过慕课而学习。在线课程中，拖延更容易发生。有些学生一周只登录一次来看讲座、提交作业、参与在线讨论。学生要学习教材的话，需要积极参与到过程中去。很多慕课已经实施新的技术，只需要学生的参与就行。对于课程提供者、设计者和教师来说，找到吸引学生和激发学生的办法，让他们完成课程，这一点是很重要的。

今天，如果学生们在实体教室里上一节课，教学方法是针对全班设计的，而不是针对进度、内容讲授方法、活动及评价办法等方面的不同个体需求而设计。然而，慕课通过自动化流程和学生互动等途径允许个体的学习需求得到满足。学生可以利用各种不同的方式,如社交网络或谷歌环聊,在这上面通过声音或网络摄像头彼此互动。这会促进一个在线的面对面情景的产生。学生们也可以通过课程讨论线程彼此参与,而且在许多慕课中,参与讨论线程是成绩的一部分。在许多慕课中,教师扮演配角,学习通过学生的互动而发生。

在线教育允许学生参与到积极的学习环境中去,在此他们可以一起努力学习新材料。学生们可以通过讨论、交互式视频、交互式多媒体活动和阅读等多种方式学习新概念。超过 2,500,000 的学生注册了慕课,来自全世界的学生在和大家一起分享他们的知识。因为无限的班额,慕课学习环境允许学生拥有广泛接触多元化互动的途径。这就使得学生能用在更小班额里得不到的方法来处理信息。

目前,几乎所有的慕课都是免费的,虽然免费的慕课通常不能直接授予大学学分,但是慕课确实带来了很多好处。既然有这么多的学生在学习这些课程,这也许就是减少教育成本、增加受教育机会的一种方式。慕课有助于在全世界范围内提高教育质量。免费教育可能导向一个连贯的检验知识的尺度,而不是拿钱购买的学位。慕课允许学生注册"常春藤联盟"的课程,因此有人担心这可能淘汰低层次的大学。麻省理工学院教授沃尔特·刘易斯预言:"美国相当一部分非常糟糕的大学将会消失。或许得 10 年,或许 20 年,但这势必发生。"(Parr, 2013)在未来,学生可能通过慕课供应商来上课,甚至完成学位,而不是在一个少负盛名的大学里注册。

虽然慕课有很多好处,但也有诸如大班额、不同的大学准备水平、讨论质量、高流失率及缺乏教师反馈等等弊端。成功的在线课程学习要求学生有积极性、主动性及信心。学生如果缺少这些品质,他们在网络环境下的学习就会很艰难。加拿大英属哥伦比亚大学教授兼教育作家罗西·雷德菲尔德把慕课流失率比作健身自行车。她解释说:

>……学生不知何故失去动力。就如骑那种健身自行车一样,他们对于掉队感觉很难过,他们实在希望自己能够继续下去。时不时地,他们会因为充分的理由就已经停止(相当于骑自行车踝关节扭伤),但是对于很多人来说,仅仅是缺少动力。他们知道由于跟不上功课而错过了很多,但是他们的动力消失了,留下的是又一个学习尝试的失败。(Redfield, 2012)

因为慕课是提供给任何与互联网连接的人的,所以高辍学率的另一个原因可能是大学准备水平。然而,慕课也许是解决这个问题的办法,因为慕课开设越来越多的补习课。学生们可以不花钱而接受他们需要的补习,而不是在传统的大学里花钱上类似的课程。因为补习课程在大学里不算大学学分,所以,这可能是一个诱人的选择。

即使大多数慕课是免费的,也不给大学学分,但是作弊和剽窃的高发率也令人担忧。通过一些供应商学习课程的学生,将能够在一个国际测试中心的网络亲自参加监考的考试。edX首任总裁阿南特·阿格瓦尔教授说:"这是很重要的一步,因为人们一直关注的是学习者没有什么办法来证明他们亲自下了功夫,假如他们是在申请一份工作或高等教育的话。"(Coughlan，2012)如果慕课学分变得无处不在，关于作弊、剽窃和身份认证的问题就需要解决。

慕课课程的学分没有被普遍承认，但是很多大学开设了慕课学分课程。然而，绝大多数此类课程是收费的，因此对于学分没有真正免费或开放，所以从技术上说不是慕课。美国教育委员会推荐 5 门由 Coursera 提供的慕课学分课程。《高等教育纪事》记者史蒂夫·克洛维奇报道，即便杜克大学、加利福尼亚大学欧文分校和宾夕法尼亚大学已在开设慕课学分课程，但是还得由学位颁发机构来决定大学是否接受慕课的学分(Kolowich，2013)。

慕课不可能从根本上改变每一个大学课堂。它也不是解决教育财政危机的便捷办法(华盛顿大学的慕课与华盛顿大学在线课程的成本相同)。慕课是用来提供在线课程的一个工具。慕课要成为人们所担心或所希望的颠覆性创新的话，那么慕课必须抵制把这种创新变成一个只有助于支持现有体系的持久创新的努力。如果慕课提供大学学分，那么更高程度的接受和尊重就会实现。然而，如果学生为这个大学学分而付费，免费的、开放的教育梦想将会被劫持。要么提供一个让学生可以不花钱而获得大学学分的体制，要么开发另一种识别学习掌握水平的替代模式以回避这个问题，只有解决了大学学分问题，这个创新才能具有真正的颠覆性。

《混合教育学》(一本教学与技术的数字杂志)撰稿人克里斯·弗兰德写道："慕课的希望不在于这种模式让我们做什么，而在于这种模式让我们质疑：学习在哪里发生？有效合作的要求是什么？课堂里有多少组织和指导是最佳的?"(Friend,2012)随着慕课在数字时代不断地改变教育景象,所有这些都是要考虑的重要问题。

慕课的未来是什么?慕课将会成为高等教育的应用工具,还是要彻底废除我们的高等教育体制?新美国基金会教育政策项目主任凯文·凯里描述了大学把学分作为非常有价值的东西出售,以此来控制大学垄断地位的情景。凯里预测,慕课将会"加快大学学分垄断的解体"(Carey,2012)。不管是欢迎还是担心这样的结局,显然有强大的利益集团在作怪,而且还有那些相信传统教育体制的人,他们必须要么中和威胁——通过把慕课背后的技术和创新变为持续性创新——要么面临失去他们的生计的危险。

亨利·大卫·梭罗写道:"我们夸耀我们的教育体制,但为什么一说到教师和校舍就不出声了?我们都是教师,我们的校舍是宇宙。"(Thoreau,1859)每个学生都应该努力到一所用砖块和灰浆建成的学校去上学的想法,可能将成为逝去的遗风。我们的校舍可能会成为互联网,而且校舍对于任何人开放,无论其位置或生活环境是什么。慕课正在使教育者和管理者重新审视我们目前对于学习的认识,以及在线教育在怎样改变和重塑这种认识。

慕课可能会在这里停滞,也可能会革教育的命。慕课也可能是历史上有趣的昙花一现。慕课可能会被转化成另一种上大学课程的方式,然而学生不得不支付学费。无论发生什么,慕课都已经不可逆转地改变了教育界,因为它已经证明了几个关键点。第一,它已经证明以免费在线课堂的形式提供免费教育是可能的。第二,它已经证明人们对于免费教育既有兴趣也有需求。最后一点，它已经极大地证明，在世界上最昂贵的大学里得到的教育质量也可以不需要任何费用向大众提供。虽然在这本著作中讨论的绝大部分是关于慕课运动的潜力，但是大规模开放在线课程已经改变了世界。现在，当务之急是我们要了解这些变化，并指引我们的未来走向对所有人的利益的最大化。

对教育有兴趣的任何人都会竭尽全力，继续顺应在这个激动人心的领域中的发展。它可能会成为一个创新，让教育成为大家普遍得到的东西，无论人们的地位或财务状况如何。如果确实如此，它将会彻底使做一个教师和做一个学生的本质得到革新。

附录 国内外一些 MOOC 提供商(机构)网址

美国：Udacity	www.udacity.com
Coursera	www.coursera.org
edx	www.edx.org
欧盟：OpenupEd	www.openuped.eu
英国：FutureLearn	www.futurelearn.com
德国：iversity	www.iversity.org
法国：France Universite Numerique(FUN)	www.france-universite-numerique.fr
日本：Schoo	www.schoo.jp
印度：WizIQ	www.wiziq.com
中国：学堂在线(清华大学)	www.xuetangX.com
中国大学 MOOC	www.icourse163.org
育网(两岸交通大学联盟)	www.ewant.org
果壳网	www.guokr.com
开课吧	www.kaikeba.com

(本书译者提供)

译者后记

慕课（MOOCs）2011年在美国兴起，2012年以海啸之势席卷全球，2013年在中国刮起了阵阵"飓风"，这一年也被称为中国的慕课元年。关于慕课的信息报道一见诸国际、国内报端，笔者立刻关注这一现象，并从Washington Post，Times Higher Education等网站、报刊收集相关报道和资料，较早地向国内译介慕课在国外的动态及其发展趋势，紧密关注它对于教育，尤其是对于中国教育的影响。2013年9月27日《中国教育报》刊登了笔者撰写的《接受"慕课"还是面临衰退？》一文，该文章的核心部分在《中国教育报》2013年度"一年要闻回顾"中被再次引用；2014年1月14日《中国教育报》第2版又刊登笔者的文章《哈佛教授提议考量"慕课"伦理》。

慕课影响中国教育未来，关乎中国教育的前途命运，在中国正受到越来越多人的关注。笔者深深感到当前教育界和其他社会各界迫切希望了解和认识慕课，尤其是教育领域的管理者及教育教学人员。笔者翻译本书的目的就是介绍慕课当前在美国的现状及其发展态势，慕课对传统高等教育所带来的深远影响和冲击，以及慕课现存的问题和可能的解决方案，以期引起我们进一步的深入思考：面对慕课我们该怎样行动？中国教育如何加强自身信息技术的竞争力？中国教育如何谋划在线教育发展战略，建立具有中国特色的网上开放教育共享运行机制？如何通过大规模开放课程资源建设推动中国教育新一轮改革？

在翻译本书的过程中，笔者得到了甘肃省白银市教育科学研究所席明珍所长的大力支持与关心，经过与他的交流和探讨，笔者得到许多有益的启发，在此谨对席所长表示衷心的感谢。

笔者要感谢自己家人给予的富有成效的帮助和他们对于翻译的理解，尤其是儿子宗鸿，在大洋彼岸一直关心本书的进展，探讨翻译过程中遇到的问题，并帮助咨询相关事宜，提供了很多有用的信息。感谢他们！

笔者特别向华东师范大学出版社王焰社长、庞坚主任以及版权部的何晓曦女士以及本书的审读编辑表达诚挚的敬意和谢意！是他们的辛勤努力和默默无闻的工作使本书得以出版并与读者见面。

译者非常需要读者的反馈。读者若有任何意见或建议，欢迎发送邮件至 jerrifchen@aliyun.com 与我交流探讨。

陈绍继

2015 年 1 月 4 日

图书在版编目(CIP)数据

大规模开放:慕课怎样改变了世界/(美)唐纳森等著;陈绍继译. —上海:华东师范大学出版社,2015.5
ISBN 978 - 7 - 5675 - 3522 - 0

Ⅰ.①大… Ⅱ.①唐…②陈… Ⅲ.①网络教学-研究 Ⅳ.①G434

中国版本图书馆 CIP 数据核字(2015)第 099934 号

Massively Open: How Massive Open Online Courses Changed the World
By Jonan Donaldson, Daniel Bowdoin, Eliane Agra, Meghan Kendle, Mohammed Alshammari, Lauren Nixon, Andrew Bailey and Lisa Wressell.
上海市版权局著作权合同登记 图字:09 - 2015 - 154 号

大规模开放
——慕课怎样改变了世界

著　者　[美]乔纳·唐纳森　埃利安·阿格拉　等
译　者　陈绍继
项目编辑　庞　坚
审读编辑　秦一鸣
责任校对　胡　静
装帧设计　卢晓红

出版发行　华东师范大学出版社
社　　址　上海市中山北路 3663 号　邮编 200062
网　　址　www.ecnupress.com.cn
电　　话　021 - 60821666　行政传真 021 - 62572105
客服电话　021 - 62865537　门市(邮购)电话 021 - 62869887
地　　址　上海市中山北路 3663 号华东师范大学校内先锋路口
网　　店　http://hdsdcbs.tmall.com

印 刷 者　常熟高专印刷有限公司
开　　本　787×1092　16 开
印　　张　7.5
字　　数　70 千字
版　　次　2015 年 6 月第 1 版
印　　次　2016 年 1 月第 2 次
书　　号　ISBN 978 - 7 - 5675 - 3522 - 0/G · 8273
定　　价　23.00 元

出版人　王　焰

(如发现本版图书有印订质量问题,请寄回本社客服中心调换或电话 021 - 62865537 联系)